AF795514

MIS DIVORCIOS REALES

MIS DIVORCIOS REALES

Jaime Peñafiel

GRUPO ZETA

Barcelona • Madrid • Bogotá • Buenos Aires • Caracas • México D.F. • Miami • Montevideo • Santiago de Chile

1.ª edición: mayo 2012

© Jaime Peñafiel, 2012
© Ediciones B, S. A., 2012
Consell de Cent, 425-427 - 08009 Barcelona (España)
www.edicionesb.com

Printed in Spain
ISBN: 978-84-666-4978-0
Depósito legal: B. 12.293-2012

Impreso por LIBERDÚPLEX, S.L.
Ctra. BV 2249, km 7,4
Polígono Torrentfondo
08791 Sant Llorenç d'Hortons

Todos los derechos reservados. Bajo las sanciones establecidas en el ordenamiento jurídico, queda rigurosamente prohibida, sin autorización escrita de los titulares del *copyright*, la reproducción total o parcial de esta obra por cualquier medio o procedimiento, comprendidos la reprografía y el tratamiento informático, así como la distribución de ejemplares mediante alquiler o préstamo públicos.

En este libro, el lector encontrará que los motivos de divorcios y separaciones entre matrimonios de la realeza no difieren mucho de los de otras parejas de la alta y baja sociedad: el desamor, el desengaño, los adulterios, la convivencia después de enfermedades, el cansancio, la desilusión y, en algunos casos, las consecuencias de la existencia de un amor sin matrimonio, porque desde hacía tiempo la relación se había convertido en un matrimonio sin amor.

Tras la lectura de *Mis divorcios reales*, el lector descubrirá una triste realidad: una mujer o un hombre que ya no ama, aunque sea príncipe o princesa o infanta, olvida de esa mujer o de ese hombre hasta los favores que de él o ella ha recibido.

En otros casos, vivir a la sombra de algunos y algunas no les ha resultado fácil. Y mucho menos ser tan solo un esperma depositado en la vagina principesca o real por aquello de perpetuar la dinastía de las casas reales.

PRÓLOGO

La gran sorpresa de este libro es el reverso de esa moneda llamada matrimonio: el divorcio, que afecta a las familias reales en la misma proporción que a los matrimonios entre ciudadanos del pueblo sencillo y soberano. Incluso a veces de una manera más radical.

Porque de las más de cincuenta bodas reales y miembros de la realeza que el autor ha cubierto como enviado especial, treinta y tres han acabado en separación o divorcio. Y algunos de aquellos matrimonios reales, sobre todo de soberanos reinantes, no lo han hecho por responsabilidades de Estado.

Para entender que la convivencia, el gran enemigo de la pasión, del amor e incluso del cariño, afecta también a los *royal*, hemos creído necesario y oportuno recordar, en estas páginas, algunos detalles recogidos en *Mis bodas reales* (Sedmay Ediciones, 1976 y Temas de Hoy, 1995) del día en que reyes y reinas, príncipes y princesas e infantas se prometieron, libremente, «amarse y respetarse hasta que la muerte nos separe».

«El infierno, señora, es no amar», escribía George

Bernanos. Aunque a veces el amor entre un hombre y una mujer no tiene razones, la falta de amor tampoco. A lo peor es que el amor eterno no existe y todo es un milagro.

La mayoría de los protagonistas de estas bodas reales llegaron al matrimonio no por razones de Estado, sino por amor. Lo que no se entiende es lo sucedido entre el anuncio gozoso de la boda y el triste y escueto comunicado, primero del cese de la convivencia, y después del divorcio.

¿Dónde fue a parar aquel matrimonio por amor aceptado incluso tras superar frontales oposiciones de reyes y reinas que acabaron dando su autorización para evitar males mayores? «Mejor que felicitarme tendrás que darme el pésame», le dijo a una conocida dama uno de estos reyes el día de la boda de su hija, boda a la que se había opuesto de una manera radical hasta la víspera de la ceremonia. También hubo oposición a algunos de estos matrimonios por parte de la opinión pública, que se manifestó en puras campañas mediáticas, y que en algunos casos hicieron imposible la boda. Tal fue el caso del príncipe Felipe y Eva Sannum.

En España hay que diferenciar entre Familia Real, familia del rey y familiares. En el primer caso solo se ha divorciado una hija a su majestad. Entre los familiares, siete primos, uno de ellos por partida doble. Y entre los parientes, tres. En total: once de dieciocho.

Por el momento las separaciones no han afectado, al menos públicamente, a los reyes reinantes. Algunos, como el rey don Juan Carlos, han antepuesto la obligación a la felicidad, manteniendo esa unión en beneficio de la institución.

Ante este dramático balance de rupturas matrimoniales en el seno de las familias reales de la vieja Europa, no hay más remedio que escribir un nuevo libro, que necesariamente debía llamarse *Mis divorcios reales*. Es el libro que usted, querido lector o querida lectora, tiene en sus manos.

«El divorcio en las familias reales ha pasado de ser un tema tabú —o de provocar incluso una abdicación o el cambio de línea de sucesión— a instalarse y convertirse en algo habitual en algunas dinastías, como la de los Grimaldi o la de los Windsor, que baten el récord», se podía leer el 8 de julio de 2011 en un blog en Internet. Si por algo destacan las monarquías europeas es por haberse acercado al pueblo y modernizado, cuando no vulgarizado, en muchos aspectos. También en las rupturas matrimoniales. Si son ya como cualquier otro, ¿por qué los demás no somos como ellos? Al menos en los privilegios.

Si hace años los conflictos amorosos se escondían —para eso estaban los y las amantes—, hoy nadie se rasga las vestiduras si un príncipe o una princesa decide poner fin a un matrimonio con un divorcio.

INTRODUCCIÓN:

BODAS REALES, DIVORCIOS Y SEPARACIONES

Los matrimonios reales por amor han sido, son y serán tan felices e infelices como los del resto de los mortales, porque cuando una princesa y un plebeyo o un príncipe y una plebeya deciden unir sus vidas «hasta que la muerte nos separe» —seamos más pragmáticos y digamos «hasta que el amor se acabe»—, no tienen garantizado el amor eterno. Pero al menos es buen principio iniciar una vida en común aportando algo de lo que han carecido muchas uniones por motivos tan espurios como las razones de Estado: la dignidad. Aunque aquellos matrimonios duraban hasta la muerte, difícilmente se rompía lo que no existía.

Que una muchacha se enamore, incluso que una muchacha sufra, son cosas del amor nuestro de cada día. Pero hay algo triste y casi trágico en las personas que, al casarse, enamoradas o no, llevan sobre los hombros y en su nombre la representación y la responsabilidad de un país entero.

Estas muchachas y muchachos son víctimas de su

destino. Porque aún hoy a la hora de decidir la boda, que no el noviazgo, aunque no sea por razones de Estado pero siempre será un asunto de Estado, suelen opinar el primer ministro, el Parlamento, los portavoces oficiales y sobre todo los reyes, más preocupados por actuar como soberanos que como padres, por aquello del prestigio de la corona. Aunque, por fortuna, últimamente no siempre es así. Tenemos ejemplos recientes de príncipes y princesas que a la hora de casarse antepusieron, irresponsablemente, la devoción por la persona que amaban a la obligación de contraer matrimonio con quienes debían.

No una sino varias han sido las veces que la reina doña Sofía ha manifestado su opinión sin reservas ni fisuras sobre el amor y el matrimonio. Al ser preguntada por Pilar Urbano sobre el futuro sentimental de sus hijos respondió: «Mis hijos se casarán con quienes deseen. Y yo siempre estaré de acuerdo si ello supone su felicidad.» No tenía más remedio.

Pero aún hay más. En el año 1973, en el transcurso de un viaje oficial al extranjero siendo don Juan Carlos todavía príncipe de España, nos manifestó a un grupo de periodistas que le acompañábamos en el avión que era partidaria del divorcio, porque «el matrimonio solo tiene razón de ser mientras lo sustenta el amor». ¿Quién iba a pensar entonces que años después lo experimentaría en su propia familia con el divorcio de su hija la infanta Elena y Jaime de Marichalar y el matrimonio de su hijo y heredero con una divorciada?

Y esto lo decía en pleno franquismo, cuando en este país el divorcio era una entelequia condenable por «el municipio, la familia y el sindicato».

Lejos están aquellos cruceros que la reina Federica organizaba por aguas del Egeo con el fin de que jóvenes procedentes de las familias reales europeas se conocieran y mantuvieran con endogámicas uniones la pureza de la sangre real.

Ignoro si de aquellas románticas excursiones surgió en alguna ocasión el amor y el matrimonio entre príncipes y princesas. Mucho lo dudo. Porque casi todos los reyes y reinas reinantes hoy día en la vieja Europa, y muchos príncipes, algunos incluso herederos, han buscado el amor y han llegado al matrimonio sin tener presentes ni intereses familiares, ni mucho menos de Estado.

En una dura polémica con un periodista, monárquico de toda la vida y viejo amigo como es Antonio Burgos, más partidario de la teoría del «gitano *pa* la gitana» que del «gitano con la paya», él mantenía la tesis de que el príncipe Felipe debía casarse con una princesa real, de las muchas solteritas que había en toda Europa. Porque eso suponía, según él, la estabilidad en la institución y el reforzamiento de la monarquía.

Lo único que se me ocurrió decir es que al impedir que el príncipe Felipe se casara enamorado siempre se corría el riesgo del que hablaba Oscar Wilde: «Que la felicidad de un hombre o una mujer no dependan nunca de la mujer o el hombre con el que no se pudieron casar.» El de la princesa María Gabriela de Saboya y el príncipe Juan Carlos, y el de la princesa Margarita de Inglaterra y el coronel Peter Townsend son dos elocuentes ejemplos, entre otros.

Los resultados de esta frivolidad «de casarse por amor» son que un alto porcentaje de estas cincuenta bodas han acabado en divorcio. Un porcentaje superior al que actualmente se produce en la sociedad.

El récord lo ostenta la Casa Real Británica con cuatro de cinco, cuatro divorcios de cinco matrimonios; la de Mónaco con dos de tres; y la de Suecia con tres de cuatro. Eso sin contar a la casa francesa de los Orleans, con seis de diez, y a la de los Países Bajos, con dos de cuatro. Y a la Casa Imperial de Rusia, con uno de uno.

1

AMORES Y DESAMORES

Juan Carlos y Sofía

El 14 de mayo de 1962 se celebró en Atenas la boda de la princesa Sofía, hija de los reyes Pablo y Federica de Grecia, con el príncipe Juan Carlos, hijo del conde de Barcelona, un hombre que siendo hijo y nieto de reyes, más tarde padre del rey, nunca llegaría a reinar por culpa de un general que, a pesar de autoproclamarse monárquico, impuso una férrea censura sobre esta boda por un odio visceral hacia el padre del novio.

Todas las fotografías en las que aparecía el jefe de la Familia Real española fueron censuradas. Y como el general era muy católico, también las de la ceremonia ortodoxa. Las que se publicaron las realizó este periodista, entonces enviado especial de Europa Press. Logré, incluso, introducirme en la catedral metropolitana ortodoxa de Atenas, vetada a la prensa española, como la catedral de San Dionisio lo era a la prensa griega, disfrazado de sacerdote, vistiendo una sotana que me había encargado un clérigo amigo mío. La mayor preocupación era que don Juan Carlos me reconociera.

Todo empezó en la boda de Edward, duque de Kent, y lady Katherina Worsley. Aquel fue el principio de una historia que acabaría en boda un año después: la del príncipe Juan Carlos con la princesa Sofía.

También constituyó el triste final de una relación amorosa, no solo de la princesa griega, casi en vísperas de anunciar un compromiso con el príncipe Harald de Noruega, sino también la del príncipe español con la princesa italiana María Gabriela de Saboya, su primer y gran amor.

El rompimiento de este apasionado noviazgo fue por «razones de Estado» del general Franco quien, consciente de que el Estado era él, impuso su voluntad simple y sencillamente porque la princesa italiana, hija del rey Humberto, no le gustaba. Los motivos: «Era excesivamente libre y tenía ideas demasiado modernas», como le confesó a su primo, el secretario jefe de su casa militar y confidente Francisco Franco Salgado Araujo.

La intromisión en la vida privada, íntima, del entonces cadete Borbón, suponía un atropello a la libertad y a los sentimientos del príncipe. Tanto por parte del dictador como del director de la Academia General Militar de Zaragoza, quien pidió a Juan Carlos que quitara la fotografía de su novia de la mesilla de noche. «El Generalísimo podría disgustarse en caso de que viniera a hacer una visita.»

El general Martínez Campos, duque de la Torre y

preceptor impuesto por Franco, también le hizo saber al hoy rey de España que debía dejar incluso de telefonear a la princesa de Saboya.

La periodista francesa Françoise Laot escribió: «Juanito no tiene intención de desobedecer y se somete sin rebelarse.» Pero mucho después de haberse casado con Sofía le reconoció a esa misma periodista: «Hubiera podido, en verdad, casarme con María Gabriela» (*Juan Carlos y Sofía*, Espasa Calpe, 1987).

Pensando en estos primeros amores de los hoy reyes de España, en las primeras decepciones y en todo lo que ha sucedido después, no puedo sino reflexionar sobre lo triste que resulta que la felicidad de un hombre y de una mujer puedan depender, con el paso de los años, de no haberse casado con la mujer y el hombre que amaban. Como solo se ama a ese primer amor.

«¿Hubieran sido más felices Sofía y Juan Carlos de haberse casado ella con Harald y él con María Gabriela?», preguntaba yo en mi libro *Retrato de un matrimonio* (La Esfera de los Libros, 2008).

Doña Sofía tal vez no. Su gran tragedia es que sigue locamente enamorada de su marido. Don Juan Carlos rotundamente sí: hubiera sido mucho más feliz. Aunque la reina está dotada de cualidades de las que carecía la princesa de Saboya.

Bernardo de los Países Bajos

En esto de la infidelidad, el príncipe consorte Bernardo, esposo de la que fuera reina Juliana de los Países Bajos, ganó en actividad sexual al príncipe consorte Felipe de Edimburgo. Al menos en los resultados de sus relaciones extraconyugales. De ninguno de los reyes y consortes de los últimos tiempos se había sabido que tuvieran hijos fuera del matrimonio. Ni del marido de la reina Isabel, ni el de la reina Margarita de Dinamarca, ni del pobre Klaus de la reina Beatriz, ni mucho menos de Alberto de los belgas, o del rey Juan Carlos, que en esto ha tenido mucha suerte. Hasta que, en el año 2003 se supo que Bernardo de Holanda, el consorte de la reina de los Países Bajos, tenía una hija, Alexia Grinda, nacida hacía 37 años de sus relaciones adúlteras con la baronesa holandesa Helen Lajeune. Tras su muerte, el 1 de diciembre de 2004, se hizo público que no tenía una sola hija sino dos, la citada Alexia y Alicia, nacida de una amante británica.

Felipe de Edimburgo

¿Y qué decir del hombre que como esposo se acuesta con la reina Isabel II de Inglaterra? Felipe era consciente de que su obligación más importante era depositar su semen en la vagina de su majestad, como un intermediario para la institución de la que ha sido y aún sigue siendo su esposa, para dar un heredero, y si este era varón, cumplía doblemente. Desde ese momento Felipe de Edimburgo necesitó tener, también, su vida extraconyugal.

En el caso del consorte inglés, como en el del rey don Juan Carlos, uno no puede por menos que preguntarse: ¿desde cuándo dejaron de dormir con la esposa?, ¿en qué año, mes y día tuvieron sus propios dormitorios?, ¿cuándo el rey y el consorte dejaron de acostarse con la reina?

Es entonces cuando se produce ese drama, desgraciadamente frecuente incluso entre reyes y consortes —y en menor medida, entre reinas y consortes—, no del divorcio, porque nunca se divorciaron, sino del matrimonio sin amor. ¿Cómo explicarle al cónyuge que ya no hay amor?

La reina Isabel lo entendió muy bien cuando reconoció a quien de forma velada y sutil le hizo ver que su marido tenía aventuras extraconyugales, algunas muy prolongadas: «Yo a mi esposo no le pido fidelidad, le pido la lealtad necesaria para llevar adelante esa empresa que es reinar.»

Toda una lección en la vida de una pareja, sobre todo en la de los reyes y sus consortes.

A pesar de esa «lealtad», a veces Felipe no ha sabido estar a la altura de la reina: esta no se siente obligada a no reconocer en público que hay actitudes de su esposo que le impiden no solo ser feliz, sino que incluso han convertido algunos años de su vida en *annus horribilis*. Como 1992.

Aquel fatídico año no lo fue tanto por el divorcio de sus hijos Ana y Andrés, la escandalera en el matrimonio de Carlos y Diana que acabó en divorcio, y el incendio del castillo de Windsor, sino porque esos días, mientras ayudaba a apagar con cubos de agua el fuego que devoraba su posesión más querida, su esposo permanecía en Argentina encamado con Susan Ferguson, madre de Sarah. El mayor Ferguson, marido de Susan, escribió en 1994: «Siempre sospeché que al príncipe Felipe le interesaba mi mujer, de la que ya fue amante en 1972.»

La infidelidad del consorte inglés también aparece reflejada en un libro titulado *Philip and Elizabeth: Portrait of a Royal Marriage*. En él se asegura que el marido de la reina mantuvo «una amistad apasionada» con una aristócrata veinticinco años más joven que él. Se trataba de la duquesa de Aberçom.

ALBERTO DE LOS BELGAS

Las numerosas infidelidades protagonizadas tanto por el entonces príncipe heredero Alberto como por su consorte, la bellísima Paola, no fueron precisamente discretas, sino que supusieron escándalos tan impúdicos como los de Carlos y Diana. Afectaron tanto a la corte de Balduino y Fabiola como al pueblo belga. Incluso se llegó a publicar en la revista francesa *VSD* un artículo firmado por un periodista luxemburgués, Jean

Nicolas, en el que se aseguraba que uno de los hijos del matrimonio, el príncipe Laurent, lo sería presuntamente de Paola y de un financiero italiano llamado Aldo Vastapone, quien junto con el fotógrafo de *Paris Match*, el conde de Mun, y con el cantante Adamo, sería uno de los amores extraconyugales de la bellísima princesa, que un día vino del sol para instalarse en la hermosa y triste Bélgica.

El descubrimiento de las infidelidades de reyes y príncipes consortes con el resultado de hijos bastardos no es un caso único en la Historia.

El día de Nochebuena de 1999 Bélgica entera se quedó conmocionada al escuchar al rey Alberto II de los belgas reconocer, en el tradicional mensaje navideño, la existencia de una hija nacida fuera de su matrimonio con la reina Juliana.

La joven, Delfine Boel, entonces de treinta y un años, había nacido de sus amores adúlteros con la baronesa belga Sybille Selys Longcheamp.

Delfine, que actualmente reside en Londres, fue concebida en aquellos años en los que el desamor se apoderó del entonces príncipe de Lieja, compitiendo con su esposa, que dejaría en mantillas a lady Di en cuanto a infidelidades y escándalos. Porque a la baronesa hay que añadir también la modelo suiza Memphies y la actriz Elizabeth Dolac.

La corte noruega tampoco se ha librado de estos escándalos. El biógrafo noruego Tor Bomann aseguraba documentalmente en su libro *Folket* (segundo volumen), que el rey Olav, padre del actual soberano Harald, no era hijo de Haakon VII sino del médico de la Casa Real británica, sir Guy Francis Laking, quien trató a la reina Maud durante su estancia en octubre de 1902 en una clínica de Londres.

Ninguno de estos soberanos, soberanas y consortes pudieron divorciarse, aunque algunos lo hubiesen deseado.

EL BELLO CORONEL

Al hablar de aquellos cuya felicidad ha dependido de la persona con la que no pudieron casarse, recordamos junto a la princesa María Gabriela de Saboya al coronel Peter Townsend.

La oposición de la reina Isabel II de Inglaterra a que su hermana contrajera matrimonio con el héroe de la RAF la hizo desgraciada y convirtió su matrimonio con Tony Armstrong Jones, por despecho, en un fracaso cantado desde el mismo día de la boda.

Según Llarry Webster, biógrafo de la princesa, el drama humano y sentimental de Margarita comenzó cuando se enamoró perdidamente del bello Peter Townsend, coronel de las fuerzas aéreas británicas y condecorado varias veces por el propio rey Jorge VI, padre de la princesa.

El aviador, que había estado casado y era padre de dos hijos, se encontraba tramitando su divorcio cuando Margarita se enamoró de él y comunicó a su familia que estaba dispuesta a casarse. La oposición de la reina fue frontal y tajante. También el Parlamento, la Iglesia y el primer ministro Winston Churchill se opusieron a este matrimonio.

La prensa tomó partido en aquella relación. Unos a favor y otros, como el *Daily Mirror*, en contra. Llegó a realizarse incluso un sondeo entre sus lectores, preguntándoles: «¿Debería permitírsele a la princesa Margarita casarse con Peter Townsend?» Publicaron la respuesta en primera página con una sola palabra cuyos titulares tenían treinta centímetros de alto: «SÍ.»

Pero la oposición de la reina, del Parlamento y de la Iglesia se mantuvo firme: «NO.» Solo le quedaba esperar a cumplir 25 años. El Acta Real de Bodas estipula que los miembros de la Familia Real necesitan un permiso del soberano para casarse antes de cumplir los 25 años. Después de esto los dos parlamentos, la Iglesia y el propio rey en este caso tienen que dar su aprobación para tal evento.

Todos dejaron que se lo creyera. Pero llegó su 25 cumpleaños y Margarita no recibió ni una sola palabra de apoyo. Ni de su hermana la reina, ni de la Iglesia, ni del primer ministro Winston Churchill, que no solo no permitían a la princesa ser feliz, sino que le hicieron llegar el mensaje de que al casarse, además de perder todos sus derechos y asignación, tendría que exiliarse como su tío David (Eduardo VIII durante el breve tiempo que fue rey y duque de Windsor cuando abdicó). Solo la apoyó el pueblo que, aunque tiene voz muchas veces, no tiene voto.

Ante este panorama, el 31 de octubre de 1955 todas las mujeres de Inglaterra y la mayoría de los habitantes del Reino Unido se sintieron conmovidos ante el siguiente mensaje radiado por la BBC:

> Quiero hacer saber que he tomado la decisión de no casarme con el coronel Peter Townsend. He sido informada de que si renuncio a mis derechos de sucesión sería posible la relación de una boda civil. Pero teniendo presente las enseñanzas de la Iglesia en cuanto a la indisolubilidad del matrimonio y consciente de mis deberes para con la Commonwealth, he resuelto tomar esta decisión, frente a cualquier otra, totalmente sola, habiendo recibido todo el apoyo del coronel Townsend.

A él lo exiliaron enviándole como agregado militar a la embajada británica en Bruselas, y en exceso prudente, como en su día el príncipe Juan Carlos, no supo luchar por la mujer que amaba sobre todas las cosas. Tan valiente a los mandos de su avión de combate fue incapaz de hacer frente al Parlamento y a la propia reina para casarse con Margarita. Su exceso de respeto y cautela le perdieron. La única que luchó con valentía fue la princesa. Ese fracaso, como el de don Juan Carlos, los marcó a él y a ella de por vida.

Ninguno de los dos fue feliz.

CAMILLA PARKER

Otro caso que también refleja muy elocuentemente la frase de Oscar Wilde antes mencionada es el de Carlos y Camilla, aunque esta vez la felicidad de ambos solo ha dependido temporalmente de con quién no se han casado. *Impasse*, de todos modos, que no dejó de ser dramático para todos los implicados.

Cierto es que Camilla, en esta historia, fue más valiente que Carlos. Cuando su relación era de dominio público, decidió divorciarse del teniente coronel Andrew Parker Bowles, quien no debió de sufrir demasiado ya que de hecho andaba liado en amoríos con otra mujer.

Pero el príncipe Carlos fue presionado por su padre, el duque de Edimburgo, para que pusiera fin a aquella relación adúltera que ponía en peligro la propia monarquía y se casara lo antes posible con lady Diana Spencer.

Aunque Carlos no se opuso a los deseos de su padre y de la reina, continuó viéndose a escondidas con Camilla, incluso después de anunciar el compromiso oficial de su matrimonio con Diana.

El 16 de noviembre de 1980, siete meses antes de la boda, el *Sunday Mirror* publicaba la noticia de que Diana había pasado la noche en secreto con el príncipe Carlos a bordo del tren real aparcado en una vía muerta.

El escándalo fue mayúsculo, ya que se consideraba a lady Di una joven de virtud intacta. Pero el escándalo fue mayor cuando se descubrió que la mujer con la que Carlos había estado en realidad no era Diana, sino Camilla.

El amor de la pareja era tan grande que cinco días antes de la boda, celebrada el 29 de julio de 1981, el príncipe de Gales le confesó a su primo lord Romsey, nieto de lord Mountbatten, que su único amor verdadero era... Camilla. Y, además, cuando la fecha de la boda ya había sido fijada y las invitaciones enviadas, Diana descubrió que Carlos le había encargado a su secretario una pulsera de oro con un lapislázuli engastado. Según Kitty Kelley, autora de *Los Windsor*, biografía de la Familia Real británica: «Diana puso a Carlos entre la espada y la pared, consiguiendo que admitiese que aquella pulsera comprada en Asprey era para Camilla.» Él le confesó que sus planes eran verla por última vez y entregarle el regalo como despedida. Sostuvo cínicamente que con aquello ponía fin a sus relaciones.

La boda, a pesar de este antecedente, dio a la monarquía británica una popularidad sin precedentes, pero arruinó la vida de Diana y también la de Carlos. Como muchos príncipes y reyes, se casó sin estar no ya enamorado sino llevando en su corazón el amor de la mujer con la que no se había podido casar.

A diferencia de Juan Carlos y María Gabriela, y de Margarita y Peter Townsend, Carlos y Camilla se enfrentaron no solo a la Familia Real, a la reina, al Parlamento y a la Iglesia, sino al mundo entero, para retomar lo que en un momento dado no habían tenido el valor, al menos él, de llevar a cabo: casarse.

El divorcio de Carlos y Diana, del que nos ocuparemos más adelante, fue uno de los más escandalosos de la historia de las monarquías. Camilla fue señalada por la opinión pública como la mala de la película. «Ha acabado con el matrimonio de Carlos y Diana, pero nunca podrá casarse con el príncipe de Gales porque es una divorciada», se decía en Inglaterra. Pero también en España. ¡Qué lejos se estaba entonces de pensar que años después no solo Carlos y Camilla contraerían matrimonio sino que el príncipe Felipe, príncipe de Asturias, futuro rey de España, se casaría también con una divorciada, como el futuro rey de Inglaterra.

REINAS Y AMANTES

Bien entrado el siglo XIX las novias que se casaban con nuestros reyes llegaban al matrimonio casi niñas, y con la sensación de quien debe cumplir un deber.

La unión regia se entendía de otra manera.

Consciente de que su misión principal era la de proporcionar herederos a la corona, nuestros soberanos procuraron cumplirla, a veces con abnegación y sacrificio de su propia vida (José María Perceval: *Bodas reales que cambiaron la historia*, Planeta, 1997).

Solo en la dinastía Borbón y desde María Luisa Gabriela de Saboya, primera esposa de Felipe V, hasta Sofía, dieciséis han sido las mujeres que han ocupado el trono español. Todas como consortes, menos Isabel II. Doce de ellas se casaron por razones de Estado.

Y puede decirse que dos lo hicieron presuntamente por amor: María de las Mercedes, primera esposa de Alfonso XII, y Victoria Eugenia de Batenberg, esposa de Alfonso XIII. Otras dos no cuentan: María Victoria del Pozo, como esposa de Amadeo de Saboya, el breve rey de España, y Julia Clara, esposa de José Bonaparte.

Antes existía una calculada estrategia para la consecución de los matrimonios regios, una suerte de tira y afloja entre dos partes que entregaban marido por un lado y dote real por otro. Los enlaces reales eran un juego peligroso que resultaba azaroso para ambas partes, y muchas veces el objetivo alcanzado era el contrario del que se pretendía.

El matrimonio real no era un asunto más de la etiqueta cortesana, sino un rito frío y calculado, donde el único fin era cumplir con el débito matrimonial fecundatorio.

En muchos de estos matrimonios por razones de Estado, las amantes no se convertían en reinas en la sombra, pero sí en mujeres que alejaban al rey de su esposa, haciéndola sufrir, con profesionalidad, pero sufrir al fin y al cabo. En el caso de los Borbones, la infidelidad ha sido un asunto genético. Alfonso XIII llenó Madrid de bastardos.

Las frivolidades y los escándalos sexuales protagonizados por miembros de las casas reales son tan contraproducentes para ellas porque socavan la magia de la institución. «Si la Familia Real además de sus altos privilegios quiere tener lo mismo que los pequeños burgueses —amoríos, celos, cuernos, divorcios y otros modestos aditamentos de la vida—, por mal camino van. Porque si todos fuésemos iguales, salta a la vista que todos seríamos iguales para todo», ha escrito el famoso autor Antonio Gala.

La solidez de las monarquías, como de todas las instituciones, depende del comportamiento de sus miembros. Muchas veces este va ligado a los sentimientos. Contados son los *royals* que han sentido verdadero amor por sus legítimas esposas. ¿Lo veremos en las bodas reales? Mejor en los divorcios reales...

2

MIS BODAS REALES

«Los matrimonios regios no son únicamente una cuestión de la prensa del corazón, una renovación de los cuentos infantiles o una recreación del mito de la cenicienta, aunque tienen un poco de todo esto. La representación del Estado refleja al país que está detrás. Lo que no desea es que se rompa el mito monárquico y el halo de fantasía de las bodas reales» (José María Perceval: *Bodas reales que cambiaron la historia*, Planeta, 1997).

Durante un tiempo yo coleccionaba bodas reales. Como otros coleccionan sellos, porcelanas, soldaditos de plomo, mujeres o simplemente dinero, yo escribía en *El Mundo* con motivo de la boda número 50: la de Alberto de Mónaco y Charlene.

No por nada especial, sino porque un día observé que había sido testigo, como periodista enviado especial, de innumerables enlaces matrimoniales, de reyes, reinas, princesas con reyes, reinas con príncipes, de reyes con burguesas, de reyes con costureras, de reinas con diplomáticos, de azafatas con reyes, de soberanos con artistas de cine *made in* USA, de fotógrafos con princesas, de emperadores con becarias, de herederas con machacas de gimnasio, de cubanas de la Cuba de Fidel con herederos, de herederos con abogadas, de herederos con madres solteras y de herederos con periodistas divorciadas. Al igual que soberanos reinantes con campeonas de natación con hechura física de atleta.

Se acabaron ya las uniones endogámicas bajo las que se regían los matrimonios de las monarquías europeas de las que hemos hablado. La reina Federica de Grecia, madre de doña Sofía, intentó, por última vez, en el *Agamenón*, aquel celestinesco yate lleno de miembros solteros de todas las casas reales, perpetuar este tipo de matrimonios entre primos. Todos descendían del trono común de la reina Victoria de Inglaterra. Sin importar los riesgos de la consanguinidad. Afortunadamente, el experimento fue un fracaso. Solo una pareja se prometió en matrimonio: Isabel de Francia, y acabó divorciándose. Los príncipes Juan Carlos y Sofía también participaron de aquel crucero del amor, pero eran aún muy jóvenes. El noviazgo y la boda surgirían años después. Nada que ver con el *Agamenón*, aunque sí con la reina Federica. Cuando supo el interés de Juanito por su hija, ambos invitados a una boda de la Familia Real británica, la de los Kent, hizo todo lo posible para reconducir aquel encuentro invitando «al chico de los Barcelona» a Corfú, «un lugar ideal para enamorarse».

Reuniones como la del *Agamenón* eran algo así como el cuento de la cenicienta, y no parecían tener otro fin que el ingenuo de todos los cuentos de príncipes y cenicientas: ser felices y comer perdices.

Pero el día en que Balduino, el rey más triste que haya existido, tomó la decisión de casarse solo por amor —«o ingreso en la orden de los trapenses»— con la católica, apostólica, española y burguesita Fabiola de Mora y Aragón, pareció levantarse la veda. Una legión de reyes, reinas, príncipes y princesas siguieron al soberano de los belgas por la romántica y peligrosa senda del amor.

Mis cincuenta bodas reales, recordadas en estas páginas, no son solo, como recuerda el citado historiador, «una cuestión de la prensa del corazón, una renovación de los cuentos infantiles o una recreación del mito de la cenicienta». Lo que en el fondo desea la gente es que con el divorcio no se rompa el mito de las pompas y circunstancias de las bodas reales, protagonizadas por unos personajes que en ocasiones no parecen tan reales. Que lo son solo cuando el matrimonio se rompe.

Y dichos personajes fueron estos:

Grace y Rainiero

El 14 de mayo de 1956 se casaba un soberano reinante, su alteza real serenísima el príncipe Rainiero de Mónaco. La novia, Grace Kelly, la actriz más famosa de Hollywood, galardonada incluso con un Oscar. Aquella boda reunió todos los ingredientes para despertar el interés del mundo entero menos... el de las casas reales. Las monarquías reinantes decidieron boicotearla. Ellos, endogámicos, no podían aceptar que uno de sus miembros, aunque reinara en un pequeño país como Mónaco, se casara con una artista, y, además, americana. Grace, que nunca olvidó la humillación que las casas reales de entonces le habían infligido el día de su boda, me reconocería, años más tarde en el transcurso de una entrevista en el palacio de los Grimaldi, que hubo momentos de la ceremonia en que no sabía si estaba realmente casándose o se trataba del rodaje de una película. Grace Kelly sería la primera Letizia de las casas reales europeas. El matrimonio duró hasta la muerte.

El Sha y Farah

El 21 de diciembre de 1959, un emperador hasta hacía poco triste y solitario, después de haber repudiado a una de las mujeres más bellas de la época, Soraya, contraía matrimonio con una joven modesta becaria de arquitectura. Esta pareja, que se casaba en el palacio imperial de Teherán, se convirtió en una constante en mi vida profesional y personal. En Irán, y según la tradición, la novia ha de hacerse rogar por tres veces antes de dar el sí. Pero, en esta ocasión, el imán no tuvo que insistir, ya que Farah respondió «¡Sí!» a la primera, con una alegría y un ardor que sorprendió a todos los presentes.

Paola y Alberto

El 2 de julio de 1959, Paola y Alberto de Lieja contrajeron matrimonio en la catedral de Santa Gúdula de Bruselas. Es frecuente, en toda boda, que a la novia se le escape alguna que otra lágrima. Pero lo que le sucedió a Paola no lo he visto yo en ninguna otra boda real. Después de que el cardenal Van Roey, primado de Bélgica, recitara, con el príncipe, la fórmula del ritual, se dirigió a la princesa para que la repitiera. Y Paola, al llegar a la frase «yo os tomo por esposo», se detuvo, dudó y rompió a llorar desconsoladamente. Primero se produjo un gran murmullo. Después el silencio.

Fabiola y Balduino

La boda de Fabiola y Balduino, el 15 de diciembre de 1960, fue para la España franquista de entonces la boda del siglo. El novio era un rey reinante de un país como Bélgica, enemigo en aquella época de la dictadura de Franco. El general, consciente de la oportunidad que le brindaba la boda, la utilizó políticamente como reconocimiento de su régimen. Para asistir a aquel gran acontecimiento histórico, la agencia Europa Press, de la que este periodista era su redactor jefe, fletó un avión de la compañía Aviaco para reconvertirlo en laboratorio fotográfico.

Las imágenes de la ceremonia esperadas por todas

las publicaciones fueron las primeras en llegar a Madrid. La boda fue un homenaje al matrimonio. Se casaban los últimos reyes católicos. Fabiola apareció con su bellísimo traje de Balenciaga. No lució la corona elegida por doña Carmen, como regalo de los españoles, ya que resultó ser falsa. Las piedras que la adornaban eran simples cristales de colores. De aquella joya de dudoso origen jamás se supo.

MARGARITA Y TONY

«Si el pobre papá viviera se moriría de pena.»

Estas palabras las empleó la reina Isabel de Inglaterra como último argumento para convencer a su única hermana, Margarita, de la locura que iba a cometer casándose con Tony Armstrong Jones, fotógrafo de *starlets*. La boda, celebrada el 6 de mayo de 1960, fue boicoteada por once de los doce soberanos reinantes invitados. Los periódicos destacaban al día siguiente que el novio no llevaba ligas y los calcetines caídos dejaban ver sus canillas. Ante la indignación de las feministas, la princesa prometió «amarte, quererte y obedecerte, hasta que la muerte nos separe». Nada de esto se cumplió. Se divorciaron.

Diana de Francia y Karl

En 1960, yo era todavía un muy joven reportero de la agencia Europa Press que se buscaba la vida viajando solo por el mundo como enviado especial allá donde se produjera la noticia. Ya fueran terremotos como los de Irán o Agadir; secuestros como el del trasatlántico portugués *Santa Maria* por el opositor a la dictadura de Oliveira Salazar, Galvao; la gesta del capitán Etayo, llegando a la isla de San Salvador, en una reproducción de la carabela colombina; o una boda real.

En aquellos años había muchos reyes, príncipes y princesas a la espera de su destino sentimental. Una de ellas era Diana, hija del pretendiente al trono de Francia, Enrique de Orleans, que se casaba en un lejano castillo alemán en Althausen, con Karl de Wurtemberg.

Puedo decir, con toda justicia, que aquella novia era una de las más bellas de todas las que he visto casarse. Tanto que este reportero se enamoró de ella,

Además asistí a otras cuatro bodas de otros cuatro hijos del conde de París: Claudia, el 22 de julio de 1964, que se casó con el príncipe Amadeo de Aosta en la localidad portuguesa de Sintra, y que acabó en divorcio; Isabel, el 10 de septiembre de ese mismo año, con el conde Frederic Charles, y que acabó en divorcio; el 12 de mayo de 1965 lo hace la princesa Ana con Carlos de Borbón-Dos Sicilias y Borbón-Parma, primo del rey Juan Carlos e infante de España. Por último, el 5 de agosto de 1969, el príncipe Jacques con la joven Gersende de Sabrand.

CUATRO ERAN CUATRO...

Las hermanas del rey Carlos Gustavo: Margarita, Birgitta, Desirée y Cristina. Al morir el padre, príncipe heredero, en un accidente de aviación, el 26 de enero de 1947, la viuda princesa Sibila y las cuatro princesas se dedicaron a proteger al único varón de la familia. Hasta que empezaron a casarse. La primera en hacerlo, Birgitta, el 25 de mayo de 1961 con el príncipe Juan Jorge de Hohenzollern. Tres años más tarde, en 1964, lo hicieron la princesa Desirée con el barón Nicolas Silfverschiold, y la princesa Margarita con John Ambler, un comerciante de tejidos. Fue la primera de las princesas suecas en renunciar a títulos con honores y privilegios.

Pasarían diez años más para que la más pequeña de las hermanas del rey, Cristina, de 21 años, contrajera matrimonio el 15 de junio de 1974 con Torn Magnusson, un hombre de negocios sueco de 33 años. El campeonato del mundo de fútbol celebrado aquel año estuvo a punto de aguar la boda porque en cada hogar sueco se libraba una pequeña batalla: la ceremonia coincidía con el día y la hora fijada para el encuentro entre la selección de Suecia y Bulgaria. Televisaron ambos acontecimientos. Ganó en audiencia, por goleada... el fútbol. La anécdota de la boda, recogida por el periódico *Expressen*, la protagonizó el obispo oficiante al aprovechar un momento de la ceremonia para comunicar los resultados del momento: la selección sueca había empatado con la búlgara.

SIMEÓN Y MARGARITA

El 19 de junio de 1962, una española, Margarita Gómez Acebo, se convertía en reina al contraer matrimonio con Simeón de Bulgaria, un rey en el exilio pero rey. La alta sociedad española de entonces, tan católica, apostólica y romana, no vio con buenos ojos esa boda por una razón: Simeón no era católico sino ortodoxo. Viví muy de cerca la tragedia y la angustia de esta boda, celebrada en la pequeña capilla de la localidad suiza de Vevey. Parte de la familia de la novia no asistió por aquello del qué dirán. La guinda de este pastel de inhumana incomprensión la pondría el Gobierno español al permitir una mínima difusión de la boda. Solo fue autorizada para la prensa diaria la fotografía de la novia. Daba la impresión de que Margarita se había casado con un fantasma.

CARLOS HUGO E IRENE

El 29 de abril de 1964 tenía lugar en la romana basílica de Santa María la Mayor, la boda de don Carlos Hugo de Borbón-Parma y la princesa Irene de los Países Bajos. Fue una de las bodas más dramáticas de todas a las que he asistido. En ella estuvieron mezclados problemas políticos, dinásticos y sentimentales. Fue la boda de la conspiración. El novio era uno de los pretendientes al trono de España. Para facilitar su camino, enamoró a la hija de la reina de los Países Bajos, que incluso llegó a convertirse al catolicismo. Fui testigo de su comunión en el templo de los Jerónimos. Acabó en divorcio.

CONSTANTINO Y ANA MARÍA

El 18 de septiembre de 1964 se celebró en Atenas una auténtica boda real. El novio, Constantino, hermano de la reina Sofía, era rey reinante. Ese día la princesa Ana María de Dinamarca se convertía en la reina más joven del mundo, con solo 17 años. Los millones de personas agolpadas en Atenas a lo largo de cinco kilómetros de calles que los aclamaban serían los mismos que, años después, por medio de dos referéndums consecutivos, decidieron no querer nunca más la monarquía y proclamaron la república.

BEATRIZ Y KLAUS Y DEMÁS HERMANAS

Cuando se celebró la boda de la princesa heredera de Holanda, Beatriz, con el diplomático Klaus von

Amsberg, el 10 de marzo de 1966, miles de ciudadanos holandeses aún no tenían cicatrizadas las heridas producidas por la invasión de las tropas de Hitler, que solo entre la población judía holandesa provocó más de cien mil muertos, entre ellos la famosa Ana Frank. La culpa no la tenía Beatriz sino el hombre que había elegido por marido, un alemán que se había enrolado en el ejército de Hitler en 1943. Los *provos* intentaron por todos los medios aguar la boda.

La sonrisa de Klaus gozaba de la fama de ser atractiva y cautivadora. Por ello fue elocuentemente expresiva la pérdida de esta en un momento determinado de la ceremonia religiosa, cuando el reverendo Kater, con voz emocionada, rogó a todos los presentes que rezaran con él un padrenuestro en memoria de los cien mil judíos holandeses asesinados por los alemanes. En ese momento, las cámaras enfocaron el rostro de Klaus, que había perdido la sonrisa y estaba a punto de llorar. Beatriz, por el contrario, pasará a la historia como la única novia que no derramó la consabida lagrimita.

Las otras dos hermanas de Beatriz que quedaban solteras se casaron: Margarita el 10 de enero de 1967, diez meses después de la boda de Beatriz, con el joven holandés Pieter van Vollenhoven. Era la primera vez que una princesa de Orange no se casaba con un extranjero. Esta novia sí que lloró. Por último, el 28 de junio de 1975, en la catedral gótica de Utrecht, se casaba la princesa Cristina, la menos agraciada de la Familia Real holandesa y además ciega, con su príncipe azul personificado, paradójicamente, en un maestro de escuela cubano exiliado en Estados Unidos y con nombre de novela rosa: Jorge Guillermo. Se divorciaron.

MARGARITA Y HENRI

La heredera del trono danés, hoy reina Margarita, eligió compartir su vida con un diplomático francés, Henri de Monpezat, de 1,90 de estatura, quien debió parecerle un hombre de su talla. El día de la boda, el 10 de junio de 1967, dos tristes sucesos enturbiaron la boda: la guerra árabe-israelí de los Seis Días y la ausencia de su hermana, Ana María, quien prefirió permanecer junto a su esposo, el rey Constantino de Grecia, a quien el Gobierno danés había pedido que se abstuviera de acudir a la boda por su implicación en el golpe de los Coroneles.

Su otra hermana, Benedicta, fue la protagonista de la primera boda del año, el 1 de febrero de 1968, y la última boda principesca de la corte del rey Federico. Contraía matrimonio con el príncipe alemán Ricardo Zu Sayn Wittgenstein Berleburg. «Tú eres el último pájaro que vuela del nido. Vuela en pos de la felicidad y envíanos una bandada de nietos para consuelo de estos abuelos que se quedan tan solos.» El rey Federico nunca pudo ver aquella bandada de nietos con la que soñaba y que le habría hecho tan feliz, ya que fallecería poco después.

HANS Y MARÍA

El 30 de julio de 1967 se celebró una boda de cuento de hadas. Por muy cursi que pueda parecer el símil. Y lo fue porque el país, el pequeño Principado de Liechtenstein, lo es. Un país de juguete, de leyenda, de grabado, de ensueño. Ese día el príncipe Hans Adam, hoy soberano, contraía matrimonio con la bella condesa María Kinski, descendiente de la deliciosa Sissi, que revivió Rommy Schneider. El novio era descendiente también de aquella desgraciada emperatriz que nada tenía que ver con la almibarada Sissi cinematográfica.

LAS INFANTAS PILAR Y MARGARITA

El 5 de mayo de 1967 se casaba, en el templo de los Jerónimos de Lisboa, no la hermana del príncipe Juan Carlos, todavía a la espera de su destino, sino la hija de don Juan, un rey en el exilio. La boda de la infanta Pilar con el madrileño Luis Gómez Acebo fue el pretexto para la mayor demostración monárquica que se recuerda. Miles de enfervorizados monárquicos viajaron hasta Estoril, convirtiendo la boda de la infanta en un espontáneo acto político, de exaltación patriótica hacia la persona del conde de Barcelona.

El 12 de octubre de 1972 se casaba en la iglesia de San Antonio de Estoril la otra infanta de España, Margarita, con el doctor Carlos Zurita. En esta ocasión, para el Gobierno español, y para muchos otros, se trataba de la boda de la hermana del príncipe de España, ignorando a don Juan, que no quiso que la boda de su hija fuera un pretexto para manifestaciones de tipo político, como había ocurrido con la boda de su otra hija. Quería un acontecimiento íntimamente familiar, pero el marqués de Villaverde, compañero del doctor Zurita, padre del novio, complicó la ceremonia con su actitud. Al no ser aceptado como testigo, lo achacó a su condición de yerno de Franco. El general le creyó y ordenó al ministro de Asuntos Exteriores, López Bravo, que se abstuviera de acudir a la boda, ni siquiera a título personal. También se lo pidió al embajador de España en Lisboa, Giménez Arnau.

Harald y Sonia

Cuando en la tarde del 29 de agosto de 1978 el príncipe heredero Harald, hoy rey de Noruega, contraía matrimonio con Sonia Haraldsen, hacía exactamente diez años que el rey Olav, su padre, le había dicho al joven príncipe, con una sinceridad brutal, que la futura reina de Noruega no sería nunca una costurera. Fiel a su amor por encima de todas las cosas, Harald dijo no a los ruegos de su padre para que se casara con la princesa Sofía. Para él solo existía una persona: «Sonia o me quedaré siempre soltero.» Como buena modista que era, vistió el día de su boda el traje que ella misma se había confeccionado.

MARÍA GABRIELA Y ROBERT

El 21 de junio de 1969, ante los príncipes de Mónaco, la infanta Pilar, los marqueses de Villaverde y los reyes de Italia, contraía matrimonio la princesa María Gabriela de Saboya, de 29 años, segunda hija del ex rey Humberto de Italia, y gran amor de juventud del hoy rey don Juan Carlos. El novio, Robert Balkani, de 38 años, era un hombre divorciado, y por lo tanto contaba con la total oposición del padre de la novia. «Me casaré con él aunque tenga que hacerlo contra la voluntad de mis padres.» Y se casó. Y... se divorció.

ALFONSO Y MARÍA DEL CARMEN

El 8 de marzo de 1972, se celebraba en la capilla del palacio del Pardo otra boda de la conspiración, entre Alfonso de Borbón Dampierre y María del Carmen Martínez-Bordiú, la «nietísima» que se dejaba querer. El día de la boda, en la Zarzuela, se vivieron momentos de angustia. Se temía que el general Franco, abuelo y padrino, apareciera en la ceremonia luciendo el toisón de oro que el padre del novio, el infante don Jaime, había conseguido ilegalmente. También se divorciaron.

María Gloria y Alejandro

Villamanrique de la Condesa, un pueblo sevillano de tres mil habitantes, fue testigo el 1 de julio de 1972 de una boda real: la de la princesa de María de la Gloria de Orleans-Bragança, prima hermana del rey don Juan Carlos, con el príncipe Alejandro de Yugoslavia. Pasará a la historia porque era la primera vez que un miembro de la Casa Real británica, la princesa Ana, hija de la reina Isabel, viajaba a nuestro país. No hay que olvidar que España era todavía una dictadura pura y dura, condenada por todos los países democráticos. El divorcio puso punto final al matrimonio.

Ana y Mark

El 14 de noviembre de 1973 fue deseo de la princesa Ana, la única hija de la reina de Inglaterra, que su matrimonio con el capitán Mark Phillips se mantuviera dentro de los límites familiares, con asistencia de pocas personas. Pero la reina no lo aceptó y tuvieron que casarse en la abadía de Westminster. La promesa que le hizo la princesa a su esposo: obedecerle hasta el fin de sus días, parece que no gustó mucho a las feministas británicas.

Los caballos habían unido a esta pareja, pero cuando dejaron de cabalgar juntos, el matrimonio se fue a pique. Era el segundo miembro de la Familia Real británica que se divorciaba.

Leka I

La boda de Leka I de Albania, el 10 de octubre de 1975, y la australiana Susan Ward en el toledano pueblo de Yescas, fue la última fiesta celebrada en la España franquista, porque el general moriría veinte días después. Con sus 2,10 metros de estatura, Leka I vivía un supuestamente tranquilo exilio en su residencia de Pozuelo de Alarcón, recluido en su casa, sin apenas salir, con un revólver siempre al cinto o en la sobaquera, rodeado de fieles guardaespaldas albaneses. Poco después, las autoridades descubrieron un arsenal ilegal de armas en su residencia, y fue expulsado de España.

Carlos Gustavo y Silvia. Bertil y Lilian

Este matrimonio celebrado el 19 de junio de 1976 habría sido imposible de vivir el rey Gustavo VI Adolfo, el abuelo de Carlos Gustavo, que se oponía a que los miembros de su familia se casaran con personas ajenas a las familias reales reinantes. Silvia Sommerlath era una simple azafata de congresos. Desaparecido el abuelo, Carlos Gustavo se convirtió en rey. Y lo primero que hizo fue casarse con la mujer con la que mantenía una relación en secreto desde hacía cuatro años. Y autorizó a su tío, el príncipe Bertil, a que lo hiciera con Lilian Craig, su amante de tantos años. La boda se celebró el 7 de diciembre de 1976. También estuve allí.

MARÍA DE RUSIA Y FRANZ DE PRUSIA

En la pequeña y única capilla ortodoxa rusa, situada en la calle Nicaragua de Madrid, se celebró, en la tarde del 22 de septiembre de 1976, la boda de la gran duquesa María, hija única del gran duque Vladimiro y Leónida de Rusia, uno de los pretendientes al trono de Rusia. El novio era biznieto del emperador Guillermo II de Alemania. Asistieron los reyes de España. La relación acabó en divorcio.

HUSSEIN Y ALIA. HUSSEIN Y NOOR

Después de dos matrimonios fracasados, el rey Hussein de Jordania encontró en Alia Toukan, una palestina que trabajaba en el aeropuerto de Amman como relaciones públicas, al amor de su vida. A pesar de estar todavía casado con Muna, no ocultó su pasión por Alia y en el divorcio aceptó su culpabilidad.

La boda se celebró el 24 de diciembre de 1972 en el palacio de Zahran, Alia fue nombrada reina desde ese mismo momento. Muchos creían que el tercer matrimonio de Hussein fue el primero en el que gozó de verdadero amor. El 7 de febrero de 1977, Alia moriría en un accidente de helicóptero. Sumido en una terrible depresión, Hussein pasaba encerrado en su palacio días enteros, contemplando, desde su habitación, la pequeña colina en la que había sido enterrada Alia. Un año después conocería, también en el aeropuerto de la capital jordana a Noor, arquitecta norteamericana. El cáncer evitó el divorcio.

Carolina y Junot

El 29 de junio de 1978, en el patio de Honor del palacio Grimaldi, el mismo escenario donde contrajeron matrimonio el 2 de julio de 2011 el príncipe Alberto y Charlene, tuvo lugar la polémica boda de la princesa Carolina y Philippe Junot. Eran las 11.30 de la mañana cuando apareció la novia del brazo de su padre, el príncipe Rainiero, quien permaneció toda la ceremonia con gafas de sol. Posiblemente para ocultar la tristeza que le producía aquella boda. Antes de dos años el matrimonio se había divorciado.

Carlos y Diana

«Dado que Carlos y Diana han consentido en contraer matrimonio ante Dios y con esta intención se han dado y prometido fidelidad el uno al otro, les declaro marido y mujer.» Al oír las palabras del arzobispo de

Canterbury, oficiante de la boda, que se celebraba el 29 de julio de 1981, la multitud agolpada en el exterior estalló en vítores, que se repitieron, ampliándose, cuando la pareja apareció en la balconada del palacio de Buckingham. En un momento determinado, Diana se volvió a Carlos, diciéndole: «¡Quieren que nos besemos!» El príncipe respondió secamente: «¿Por qué no?» Fue un beso envenenado. Ella, que acababa de cumplir 20 años, creía haber encontrado al príncipe de sus sueños y tan solo halló la pesadilla de su vida, que la condujo al divorcio y a la muerte.

Enrique y Teresa

El 14 de febrero de 1981, el príncipe Enrique heredero del Gran Ducado de Luxemburgo se casó con una rotunda cubana de La Habana de armas tomar. El 30 de junio de 2002, la princesa criolla, como la llamaban en el país, acusaba a su suegra de querer destruir su matrimonio en razón de su origen plebeyo y llamarla, despectivamente, «la pequeña cubana». Normal. Consecuencia de casarse con quien no se debe.

Andrés y Sarah

En 1985 y gracias a su amiga Diana Spencer, ya princesa de Gales, Sarah Ferguson conoce en Ascot al príncipe Andrés. La boda tendría lugar el 23 de julio en la abadía de Westminster. El día de su presentación oficial anunciando la boda reconoció ante los periodistas que tenía mucho por delante y lo suficiente por detrás para hacer feliz a un hombre. Se equivocaba. No lo hizo feliz, porque le engañó desde el primer día. La convivencia fue un infierno, y las infidelidades, públicas. Fue expulsada del palacio y el escándalo acabó en divorcio. El cuarto en la familia de su graciosa majestad británica, la reina Isabel II.

Y LAS INFANTAS SE CASARON...

El 18 de marzo de 1995, el día de San José, se celebraba, en Sevilla tenía que ser, la primera boda real en España desde hacía setenta años. Fue la infanta Elena, la más española, la más borbona y la más sevillana de la Familia Real, quien eligió este escenario para casarse con Jaime de Marichalar, como homenaje a su abuela, la condesa de Barcelona, que habiendo nacido en Madrid como la infanta muchos creían que era sevillana. El paseo de los novios, tras la ceremonia en el altar mayor de la catedral, en una carretela del siglo XVIII por las calles de la capital andaluza, no se olvidará jamás.

La otra infanta, Cristina, eligió la Ciudad Condal para casarse con Iñaki Urdangarín el 12 de octubre de 1997, como homenaje a su abuelo, el conde de Barcelona. No existe mayor felicidad para un padre que llevar una hija al altar. Si son dos, doble felicidad.

Elena protagonizaría, años después, el primer divorcio de una infanta de España. Cristina aún sigue casada, y ahora ignoro si felizmente.

LA ÚLTIMA HORNADA

Del 4 de diciembre de 1999, en que se celebró la última boda real del siglo, la del príncipe Felipe, el heredero de los belgas, con la bellísima Matilde D'Udeken, hasta el 1 de julio de 2011 con la del príncipe soberano Alberto de Mónaco y Charlenne Witstock, han contraído matrimonio unas cuantas parejas de la realeza. El 25 de agosto de 2001, el heredero Haakon Magnus de Noruega se casó con Mette-Marit. Pasará a la historia por ser el principio del fin del noviazgo del príncipe Felipe de Borbón con la modelo noruega Eva Sannum. También era la primera novia que aportaba en su matrimonio un hijo habido de sus relaciones con un tipo de los bajos fondos de Oslo, en los que la hoy princesa se movía a sus anchas. Una prenda de muchacha.

El 2 de febrero de 2002 lo hacía el príncipe Guillermo de los Países Bajos con Máxima Zorreguieta, la más hermosa, simpática e inteligente princesa que en Europa existe. Sus lágrimas, al oír durante la ceremonia de su boda un bandoneón interpretando un tango de Piazzola, serán siempre inolvidables por la carga de emociones que llevaban.

El 14 de mayo, ocho días antes que el príncipe español, se casaba Federico, el heredero de Dinamarca, con la joven abogada Mary Donaldson, una deliciosa mujer natural y transparente como el agua misma. Esta boda supuso la presentación de Letizia en las cortes europeas con aquel espectacular traje rojo de Lorenzo Caprile.

Y el 22 de mayo tuvo lugar la triste boda de Felipe y Letizia. España estaba de luto por el atentado de Atocha y los 200 muertos. No fue una fecha bien elegida. Además llovía. El vestido de novia ni se recuerda. Una pena de boda, tal vez por una decisión desafortunada... la de la fecha, me refiero. Los novios se negaron a besarse en la boca cuando comparecieron en la balconada del Palacio Real como es tradición.

Victoria, la única heredera que permanecía soltera, se salió con la suya, casándose, contra la voluntad de su padre, el 19 de julio de 2010, con su machaca Daniel Westling, un profesor de gimnasia que la mantenía en forma para comérsela después.

Y ese año, el 24 de abril, Londres ofrecía la mejor película con la boda de Guillermo, el heredero del heredero, con Catherine Middleton, una simpática joven de clase media que se supo ganar a los ingleses. Nadie se acordó de Diana, cuyo nombre ha quedado para siempre escrito en el agua. Los novios sí se besaron en los labios. Como Victoria y Daniel.

Y el 1 de julio de 2011 boda de nuevo, en este caso real: quien se casaba era un soberano reinante, Alberto de Mónaco, con la joven Charlene Winstock.

Fue una boda polémica. Se rumoreó que en vísperas de la ceremonia, la novia quiso regresar a su país por una presunta infidelidad prematrimonial del príncipe soberano.

En mis cincuenta bodas reales nunca había visto a una novia más triste. Ira de Furstenberg, amiga de la familia, declaró: «Posiblemente se quieran pero no están enamorados.»

3

LOS ACUERDOS PREMATRIMONIALES

En un interesantísimo estudio, Carlos Alcelay recuerda que las casas reales, para protegerse de los divorcios, se reservan en los acuerdos prematrimoniales un punto innegociable: la corona siempre saldrá ganando en caso de producirse una separación o divorcio.

La experiencia aireada de Carlos de Inglaterra y lady Di puso de manifiesto, según el autor, que el amor eterno y la pareja indisoluble ya no forman parte de las tradiciones que las cortes pretenden que se mantengan vivas. «Los asesores de los monarcas han tomado buena nota de que la felicidad de hoy puede transformarse en un serio problema legal en el futuro: sobre todo cuando las plebeyas se convierten en pares de los posibles reyes.»

Cuando se anuncia oficialmente una boda entre un príncipe real o princesa heredera de la corona, o príncipes, princesas e infantas sin perspectiva de sentarse un día en el trono, los abogados de las casas reales preparan acuerdos a firmar antes de la celebración del matrimonio. Se hace para proteger a la institución y a sus miembros en detrimento de la otra parte, que al salir de la Familia Real, se marcha sin nada o casi nada. Por supuesto, los hijos habidos en ese matrimonio roto siempre serán «propiedad» de la corona. Según Carlos Alcelay, también suelen firmarse acuerdos privados para resarcir económicamente al perdedor, que es quien se va o deja de pertenecer, por divorcio, a la Familia Real.

A veces aunque no se trataba de la ruptura de un matrimonio si no del fin de un polémico noviazgo de cuatro años. Sospecho que, presuntamente, lo del príncipe Felipe y Eva Sannum no se dio por terminado cuando estaba a punto de anunciarse la boda con un simple «ahí te quedas» y «si te he visto no me acuerdo». Fernando Almansa, vizconde del castillo de Almansa y jefe de la casa de su majestad, es el único, junto a don Juan Carlos y el propio príncipe, que conoce todos los detalles de la «negociación».

Como ningún padre, aunque sea el rey, tiene autoridad sobre los hijos, don Juan Carlos ordenó al señor Almansa no solo informar a Felipe de que aquello se había terminado si no también a Eva Sannum, con quien se reunió.

Tenía carta blanca para reconducir aquel desagradable asunto y cerrar todos los flecos del noviazgo. Había que impedir que la modelo pudiera realizar declaraciones o escribir memorias. Cuatro años de noviazgo dan para mucho.

Elena de Borbón y Jaime de Marichalar

Fue la primera boda de una infanta de España en ochenta y nueve años, la tercera que se casaba en su país en el siglo XX. En 1901 lo hizo María de las Mercedes y en 1906, María Teresa, ambas hijas de Alfonso XII.

La ceremonia del matrimonio de la infanta Elena con Jaime de Marichalar se celebró en Sevilla en medio de la corrupción, el GAL, el asunto Roldán, los papeles de Laos, los escándalos político-financieros, la cúpula de Interior encarcelada, los ataques a la independencia judicial, la inestabilidad de la peseta y en vísperas de las elecciones generales del 28-M. «La boda fue una breve tregua en medio de una asfixiante crisis», se leía en un editorial de Pedro J. Ramírez en *El Mundo*.

En tiempo de zozobra y malos humores, nada tan explicable como el deseo de la gente de participar, de una u otra forma, en un momento feliz. La boda de la infanta, el 18 de marzo de 1995, cumplía todos los requisitos para ello. Y los sevillanos tienen vocación de fiesta. Por eso la bella ciudad fue el escenario, con coro y público incluido.

«Quisieron hacer de esta boda un cuento rosa de guirlache y nata, como hicieron los británicos con los esponsales de Carlos y Diana», escribía un columnista madrileño. Mala cosa. Ya se sabe cómo acabaron esos pobres y cómo se resintió la imagen de la monarquía inglesa de resultas de ello.

¿Quién podría pensar ese día tan feliz que, años después, Elena sería también la primera infanta en divorciarse? Algo así jamás había sucedido en la Casa Real española actualmente reinante. El último en divorciarse, en 1939, fue el infante don Jaime, tío del rey don Juan Carlos. Lo hizo de Emmanuella de Dampierre. En Roma.

Seis años antes, el primogénito de Alfonso XIII, Alfonso de Borbón y Battenberg, príncipe de Asturias, recurría por dos veces al divorcio. La primera en 1933, de Edelmira Sanpedro-Ocejo y Tobato. La segunda de Marta Rocafort y Altuzarra. Las dos cubanas. Esos divorcios se llevaron a cabo cuando la Familia Real se encontraba en el exilio desde 1931.

Muy anteriormente, en 1900, la infanta Eulalia, hija de la reina Isabel II, se divorciaba de su primo Antonio María de Orleans.

El divorcio de la infanta Elena no fue para los reyes tan traumático como lo hubiera sido de llevarse a cabo antes de 2003. En esta fecha el divorcio ya había entrado en la Familia Real, en la persona de Letizia Ortiz Rocasolano, una periodista hija de madre sindicalista y nieta de un taxista y... divorciada.

Cuando se anunció el compromiso matrimonial del príncipe Felipe no se sabía cómo abordar lo del divorcio. «La mayoría de los directores generales de las cadenas de televisión recibieron llamadas para que los comentarios se realizaran desde la prudencia.» La consigna generalizada que llegó a directores y colaboradores de todos los programas fue: «La chica es estupenda, muy guapa e inteligente, una compañera respetada y el hecho de que esté divorciada no tiene la menor importancia. No olvidéis que estáis hablando de la futura reina de España.»

Por ello cuando el martes y 13 de noviembre de 2002 un portavoz de la Casa del Rey informó que la infanta Elena y Jaime de Marichalar habían decidido, de mutuo acuerdo, un «cese temporal de la convivencia», primer paso para el divorcio, pienso que para Letizia fue una pequeña alegría: ya somos dos las divorciadas en la Familia Real. Se trata del fracaso de dos personas que un día decidieron unir sus vidas en una de las bodas más entrañables que se recuerdan. Y además, en Sevilla tenía que ser.

FELIPE Y LETIZIA NO FUERON UNA EXCEPCIÓN

Carlos Alcelay, en un interesante artículo en el suplemento del *ABC* titulado «Contra el desamor... acuerdos prenupciales», recoge algunos de los últimos matrimonios. Empezando por el del príncipe Felipe y Letizia. Según el autor, «el bufete Uría y Menéndez preparó un contrato matrimonial con las capitulaciones y acuerdos, firmados por ambos, que regulan las condiciones de los Príncipes de Asturias en caso de divorcio». Según el señor Alcelay, la situación sería la siguiente: «Felipe obtendría la custodia de los hijos que, al ser infantes de España, deberán tener una educación tutelada por la Casa Real. Doña Letizia perdería el título de Princesa de Asturias y el tratamiento de Alteza Real.» A diferencia de Diana, que conservó el de princesa de Gales pero le retiraron los tratamientos. Tal cosa no se entendió, al ser este título privativo de la esposa del heredero del trono británico.

«Las capitulaciones determinan lo que cada uno aporta a la unión y definen el patrimonio personal del Príncipe y de la Corona, por lo que doña Letizia, según este informe, no podría reclamar derechos sobre ello.» No aportó bien alguno al matrimonio. Me estoy refiriendo económicamente. Por supuesto que existe una cláusula de silencio para preservar la intimidad del matrimonio en caso de producirse la separación. Para ello se le concedería una renta mensual «compensatoria».

FEDERICO Y MARY DE DINAMARCA

En este caso no ha existido un contrato prenupcial si no dos, según Carlos Alcelay. «Tres días antes de pasar por el altar, la princesa tuvo que firmar un documento por el que aceptaba unas condiciones previas en caso de divorcio: la Familia Real obtendría la custodia de los hijos —como en todas las casas reales— y Mary recibiría una cantidad compensatoria, una pensión mensual, y el derecho a la adquisición de la vivienda que ella deseara, bien en Dinamarca o en otro país.»

Pero el divorcio de su hijo, el príncipe Joaquín, y las consecuencias económicas por el contrato prenupcial produjeron un cambio radical en la postura de la reina. Decidió poner los medios legales para evitar semejante expolio. Y donde dijo digo dice diego y obligó a Mary a aceptar un nuevo contrato que anulaba al anterior. «Según este nuevo acuerdo, en caso de divorcio, la princesa ni tendría la custodia de sus hijos, ni cantidad compensatoria, ni podría elegir una casa a cuenta de la fortuna real. Solo se le concedería una asignación mensual cuya cuantía dependería de los años de vida en común y de sus ingresos.» Según Alcelay, el príncipe Federico consideró ofensivo este contrato y la prensa desproporcionado. Pero la nuera... lo firmó, pese a las protestas de su esposo. Y es que la reina Margarita es mucha reina.

VICTORIA Y DANIEL DE SUECIA

El colaborador de *ABC*, al abordar el contrato prenupcial de la princesa heredera de Suecia y su marido Daniel, hace hincapié en que los contratos prenupciales «son parte intrínseca de los enlaces reales en Suecia desde siempre». Y de acceso público (cosa que no sucede en la Casa Real española, donde todo es secreto y opaco) «ya que es el Parlamento quien los tramita».

La custodia de los futuros hijos sería compartida. Sin embargo, la educación quedaría bajo la tutela de la Casa Real. El matrimonio de Victoria y Daniel ha sido con separación de bienes. No se contempla ninguna cantidad de compensación o manutención para el consorte.

ALBERTO Y CHARLENE DE MÓNACO

Nada ha trascendido del supuesto acuerdo prenupcial entre el príncipe de Mónaco y su esposa Charlene. Dan por supuesto que será draconiano para los intereses de la princesa. «El principado, más que un Estado, es un gran negocio, que invierte en bienes no tangibles, como el lujo y una estabilidad económica siempre atractiva para las grandes fortunas. Los escándalos familiares no tienen que influir en la buena marcha del negocio, siempre y cuando permanezca intacta la base de confianza financiera en que se asienta todo.» Por tanto se pretende, y el autor lo recoge, que la imagen de Charlene se convierta en un capital de glamur de altísima rentabilidad, aunque al mismo tiempo se la mantenga a distancia de las ganancias. En caso de que el matrimonio acabe en ruptura ella no tendría derecho a nada, salvo a lo que conceda su ex marido. Parece que Charlene también tendrá que afrontar un compromiso de confidencialidad para que lo que conozca mientras sea princesa nunca trascienda. Eso supondría que su teórica renta mensual sería más jugosa, y que la indemnización en caso de incumplimiento sería astronómica. En cuanto a la descendencia, no hay duda de que, como en todas las casas reales, los hijos quedarían bajo la custodia de la Casa Real, en este caso del soberano Alberto de Mónaco.

GUILLERMO DE INGLATERRA Y CATALINA DE CAMBRIDGE

Según Carlos Alcelay, en esta Casa Real se ha especulado mucho sobre la firma de un contrato prenupcial de la pareja. Al parecer, Guillermo se negó a rubricar cualquier documento que pusiera en entredicho su confianza en Catalina. Y Carlos y Camilla no establecieron un acuerdo de este tipo, a pesar de los tristes precedentes. Parece que en el Reino Unido estos contratos no eran considerados jurídicamente vinculantes... hasta el año pasado. En caso de divorcio, Catalina volvería a ser Kate Middleton, una plebeya sin título, y perdería el derecho a vivir en cualquiera de las residencias que hubiera compartido con Guillermo. Y no reclamaría nada de su fortuna, que ahora asciende a 15 millones de euros, pero que aumentará con parte de los 400 millones que dejará en herencia su abuela la reina. Además solo recibiría una cantidad a modo de compensación y una pensión que podría perder o que vería reducida si ella volviera a casarse. Lógico y natural.

La custodia de los hijos, según Carlos Alcelay, sería de Guillermo, y en todo caso de su majestad la reina, aunque con un ilimitado derecho de visita por parte de la madre. La cláusula de confidencialidad le prohibiría revelar cualquier detalle del mismo durante o después del matrimonio, como en todas las casas reales.

4

LOS DIVORCIOS DE LA CASA REAL ESPAÑOLA

Gonzalo de Borbón y sus divorcios

Gonzalo de Borbón Dampierre, segundo hijo del infante don Jaime y doña Emmanuella de Dampierre, fue un hombre desgraciado. Como su hermano Alfonso. Aunque no tanto como el duque de Cádiz, que lo fue de la cuna a la sepultura.

Aunque era una buena persona, el alcohol y una homosexualidad encubierta arruinaron su existencia. Y la de las tres mujeres con las que contrajo matrimonio. Sin saber lo que hacía. Por desgracia... un Borbón.

La primera de ellas, Carmen Harto, era periodista de Televisión Española, como Letizia. Una mujer que intentó reconducir su relación con el primo hermano del rey don Juan Carlos. A pesar de su esfuerzo, le fue imposible. Si el noviazgo le duró año y medio, su matrimonio, dos meses y veintidós días. «Si por mí hubiera sido, lo habría terminado la primera semana», reconoce la que fue la primera esposa, la sufridora primera esposa.

Gonzalo y Carmen decidieron vender su boda a la revista *Hola* por unos cuantos millones de pesetas del año 1983. El lugar elegido para celebrarla, México. Concretamente Puerto Vallarta.

«Las Ocho Cascadas es un sitio maravilloso, imagínate, palmeras, arena blanca y aguas cristalinas. Además allí tengo muchos amigos que nos ayudarán a organizar la boda», cuenta Carmen Harto en *Mi vida con Gonzalo de Borbón. Risas y lágrimas al lado de un vividor*. Un libro desgarrador escrito con la colaboración de la periodista Joana Morillas, editado por Temas de Hoy, 2007.

Antes de viajar a México para casarse, Gonzalo quiso presentar a Carmen, una mujer divorciada y madre de un hijo, a su hermano Alfonso, en el transcurso de una cena que resultó de lo más desagradable. El duque de Cádiz demostró su carácter amargado y prepotente, amén de resentido, por el hecho de no ser rey de España.

Carmen, según cuenta, se esforzó en ser simpática con Alfonso. Sin embargo, cometió un error: tratarle de... tú.

«Mi hermano me ha dicho que te permite que no le trates de alteza pero quiere que te dirijas a él sin tutearle, como "don Alfonso".» «Mire usted, le dije mirándole fijamente a los ojos: no tengo ningún inconveniente en llamarlo don Alfonso si usted me llama a mi doña Carmen.»

La reacción fue violenta. Se levantó y, agarrando a su acompañante del brazo, una despampanante mujer rubia, se dirigió a su futura cuñada, Carmen Harto, diciéndole: «Bien, por mi parte esta cena ha terminado.» Hizo una pequeña inclinación de cabeza, dio las buenas noches y se marchó.

«Aquella noche fue la primera y última vez que vi a Alfonso», recuerda Carmen.

Cierto es que muchas oportunidades no tuvo, por la brevedad del matrimonio: un matrimonio que acabó la misma noche de bodas.

«¿Tú eres homosexual?»

Tampoco doña Emmanuella de Dampierre, la madre de Gonzalo, se comportó mejor que su hijo Alfonso: «Quise saber si le había deseado felicidad», recuerda Carmen. «Mi madre, ¿desearme que sea feliz? Si no me hizo feliz cuando era pequeño, me va a desear felicidad a estas alturas. Desengáñate, le importo un comino y solo se preocupa por su niño del alma, o sea, Alfonso. Los dos están cortados por el mismo patrón.»

Doña Emmanuella se negó a asistir a esa boda porque «esto es una estupidez más de las tuyas», se justificó ante su hijo. Llevaba razón.

Desde el día en que se casaron, Gonzalo dejó a Carmen sola, incluso en la noche de bodas, para pasarla bebiendo con unos amigotes de dudosa moralidad y catadura. Hasta el último día de su matrimonio «todo fueron mentiras, la boda nunca se consumó».

Aquella noche de bodas, cuando Carmen se despertó, Gonzalo no estaba a su lado. Lo buscó, y lo encontró durmiendo y roncando a más no poder en la habitación que había ocupado los días previos al matrimonio.

«No pude más, me refugié en mi cuarto y rompí a llorar.»

Fue entonces cuando le expuso a Gonzalo los deseos de regresar inmediatamente a España: «Había cometido uno de los mayores errores de mi vida. Una vez en Madrid y cuando me disponía a vivir mi segunda noche de bodas, Gonzalo se metió en la cama dispuesto a dormir. Fue entonces cuando le pregunté: "¿Tú eres homosexual?" "Ay, guapísima, ¿también tú? Déjame en paz, que estoy muy cansado." Dio media vuelta y se puso a roncar.»

Aquella noche, como otras muchas, Carmen durmió en el sofá del salón. «Qué idiota he sido», se decía.

A propósito de la presunta homosexualidad de Gonzalo, el lector se preguntará cómo no lo advirtió Carmen después de un año y medio de noviazgo. Pero él quería un matrimonio a la antigua usanza. «Si de verdad no te quisiera, si fueras un simple ligue, ya haría mucho tiempo que nos habríamos acostado.» Prefería dejar lo del sexo para la noche de bodas que nunca hubo. «Ni en los dos meses y veintidós días que duró nuestra convivencia "matrimonial". Tan solo dos besos en la frente. Nunca me hizo ningún signo que pudiera interpretarse como una invitación al sexo.»

La ley especifica que para que la boda de español

celebrada fuera de España sea legal, es obligatorio inscribirse en el Registro Civil. Ignoro si así se hizo. Solo recuerdo, y también Carmen en sus memorias, que cuando se puso en duda la validez de esta unión, la embajada de México en España hizo llegar a la revista *Hola*, de la que yo era redactor jefe, una nota en la que se hacía constar que «el matrimonio es válido a todos los efectos».

«Si el trámite de pasar el certificado no se hizo fue porque yo no quise.» ¿El motivo? «En caso de que se tuviera que anular el matrimonio era más fácil hacerlo en un solo país que en dos», reconoce Carmen Harto en sus memorias.

Habían transcurrido exactamente dos meses y quince días cuando el matrimonio, ¿de común acuerdo?, aunque de forma unilateral, decidió interrumpir su convivencia, por lo que Carmen Harto, la señora de Borbón, abandonó el domicilio conyugal que habían creado en el que fuera durante veinte años el piso de soltero del esposo, y al que Carmen se había trasladado con su hijo, su ropa, sus objetos más personales y su perro, todo esto al regreso de la «luna de miel».

A propósito, Carmen recuerda la noche en la que Gonzalo le sugirió si podía dormir con su primo. «Es encantador, ya sé que tú le gustas a Fernando (se refería a Fernando de Baviera), y quién sabe si él te gusta a ti, porque en realidad no hay ningún problema, tú acuéstate con mi primo Fernando que yo no soy celoso. Te ofrezco la libertad de que te veas con quien quieras, que hagas tu vida aparte de nuestro matrimonio. Eso sí, con discreción.»

¿Era esa una especie de maldición? Efectivamente, los abuelos de Gonzalo se habían separado, sus padres también, y su hermano Alfonso. Demasiados problemas económicos, el exilio, la guerra, el desarraigo, el no saber finalmente a qué tierra pertenecía y en cuál acabaría sus días.

Tras el divorcio, Carmen tuvo que acudir a un psiquiatra para curarse del trauma que le provocó su matrimonio. Gracias a Gonzalo tocó fondo psíquica, física y económicamente.

«Para mí los dos meses y veintidós días que estuve casada con Gonzalo fueron los más largos de mi vida. Me sentí estafada sentimentalmente.» Antes de irse le devolvió todos los regalos que le había hecho: «No quiero que nadie diga que me he casado contigo para quedarme con las joyas de tu abuela, la reina Victoria Eugenia.»

Es imposible trazar un paralelismo entre este matrimonio y los otros dos que Gonzalo contrajo después. Cada uno fue diferente, aunque los tres tuvieron idéntico final.

Mercedes Licer, la maniquí

Las participaciones de boda decían textualmente: «Su Alteza Real don Gonzalo de Borbón y Dampierre y la señorita Mercedes Licer García tienen el honor de invitarle a la ceremonia de su próximo enlace, que se celebrará, Dios mediante, el día 30 de junio de 1984, a las 19 horas, en la capilla de la casa de los Olmedilla, en Olmedo [Valladolid], y al cóctel cena que tendrá lugar a continuación.»

Lo que no se sabía, aunque se sospechaba, es que la boda había sido vendida a *Hola* y que en el negocio de la exclusiva participaba Gonzalo, por supuesto. Ignoro si Mercedes también, aunque lo dudo. Pero sobre todo Vicente Olmedilla, conde de Cerrajería. Por algo había puesto a su servicio la casona de los Olmedilla de la localidad vallisoletana de Olmedo. La villa de «siete de los siete», según la tradición y la historia: siete iglesias, siete plazas, siete fuentes... Era de desear, ese día, que el matrimonio de Gonzalo y Mercedes durara, como mínimo... siete años, cifra que según los norteamericanos es el principio del fin de la convivencia de toda pareja.

Pero ni siete, ni seis, ni cinco, ni cuatro, ni tres, ni dos... Porque el 15 de julio de 1985 el propio señor Olmedilla se ponía en contacto con la revista del Grupo Zeta, que yo dirigía después de mi salida de *Hola*, para informarme que de un tiempo a esta parte se habían producido «cosas muy desagradables» que justificaban una posible demanda de don Gonzalo de Borbón. La situación había llegado a unos límites intolerables y ofrecía a la publicación toda la historia del *affaire* en exclusiva.

Esta exclusiva y según el señor Olmedilla, presunto portavoz de Gonzalo de Borbón, comprendía cuatro apartados que eran, de por sí, otros tantos reportajes:

1. Fotografía de los procuradores en el momento de presentar, en el juzgado, la demanda de separación.

2. Entrevista con los abogados que hasta ahora se habían ocupado del caso con copia natural de la retirada de los servicios a doña Mercedes Licer.

3. Entrevista con don Gonzalo de Borbón en la que contaría toda la historia de su fracaso matrimonial con Mercedes Licer.

4. Entrevista con el abogado señor Ortiz Cañavate sobre el asunto de la querella contra don Armando de Armas (un empresario venezolano con quien, según Gonzalo, Mercedes le había engañado).

—¿A cuánto asciende la cantidad a pagar por la exclusiva? —fue mi pregunta.

—Bueno... son veinticinco millones de pesetas. —Del año 1985, que era mucho dinero.

—¿Cómooo?

—Sí, veinticinco millones. Si le interesa, hay que decidirse pronto, pues hay otra publicación interesada en el tema.

Un año, un mes y quince días

¿Qué había sucedido en tan escaso espacio de tiempo (un año, un mes y quince días) para que aquella boda tan «romántica», «el día más feliz de mi vida» según la novia, se convirtiera en la pesadilla de su vida. Y eso que el novio, en el brindis de la cena declaró: «Es la primera vez que me caso y espero que sea la última.»

No era verdad. Al menos no una verdad absoluta. Aunque era la primera vez que contraía matrimonio por la Iglesia, ya había estado casado anteriormente con Carmen Harto, matrimonio de mucha más breve duración. Cierto es que por lo civil y por la exclusiva, pero como saben muy bien los lectores el matrimonio civil es el único que cuenta, el canónico es optativo.

La boda de Gonzalo y Mercedes fue como una boda real. No todos los días se casa un nieto del rey Alfonso XIII y primo hermano del rey don Juan Carlos, rey de España. Hasta el sacerdote que ofició la ceremonia, don Mateo Pachón Zúñiga declaró: «Yo que caso a tantos gitanos es la primera vez que caso a un Príncipe de España.» Lo cual no era cierto. Gonzalo no lo era. Tampoco alteza real como rezaba la invitación.

«Esta celebración no es solo un acto de sociedad», dijo el sacerdote. El pobre ignoraba que era otra cosa. De haberlo sospechado no hubiera dicho en la homilía: «Casarse es empezar un nuevo camino pero de la mano.» ¿Hasta cuándo?

El gran ausente, como en la anterior boda con Carmen Harto, fue el hermano del novio, el estirado don Alfonso de Borbón. «Solo ha habido una razón y es mi luto, estoy de luto. Está todo tan reciente para mí todavía que no considero apropiado ir de boda, aunque sea la de mi hermano», declaró el duque de Cádiz cuando fue preguntado a propósito de la ausencia.

Hizo bien. Como a Carmen Harto, Alfonso tampoco le profesaba a Mercedes mucha simpatía. Cierto es que ni tiempo tuvo de conocerla, un año, un mes y quince días no dan para mucho. Tampoco asistió doña Emmanuella de Dampierre, la madre de Gonzalo. Nunca sintió la menor simpatía por ninguna de sus nueras: ni por Carmen Harto, ni por Mercedes Licer y por supuesto ni por María del Carmen Martínez-Bordiú, a quien calificaba públicamente de «ninfómana». Ella, que tenía una biografía peor que la de todas las esposas de sus dos hijos.

El aborto de un embarazo inexistente

Desconozco qué pagó *Hola* por la exclusiva de la boda. Aunque fuera una buena cantidad, eran varios a repartir: Mercedes (si es que recibió algo), Gonzalo, Vicente Olmedilla...

Lo cierto es que pronto comenzaron todos a vender su vida, su vida en común. La propia Mercedes me reconoció: «He vendido tres o cuatro cosas gordas: la boda, aquella vez que estuvimos a punto de separarnos porque Gonzalo se fue con una señora, y el embarazo.» Un embarazo que resultó no ser tal. A mi juicio.

Fue en diciembre de 1984, seis meses después de casarse. Aunque nunca lo ha reconocido abiertamente, ella y yo sabemos que aquel aborto que me vendieron a buen precio, presuntamente no se habría producido, por la sencilla razón de que también presuntamente no se encontraba embarazada. No porque Mercedes, a los veintiún hermosísimos y jovencísimos años, casi una niña, no pudiera, es que por todo lo que había sucedido en el matrimonio de Gonzalo con Carmen Harto, era difícil creerle. A lo mejor sí, pero ya era una pareja bajo sospecha. El ansia de dinero no tenía límites.

Hay que reconocer que la Familia Real acogió con simpatía a la nueva esposa de Gonzalo. Todavía recuerdo verla junto a don Juan, conde de Barcelona, en los funerales celebrados en el Escorial en memoria de la reina Victoria Eugenia, el día en que sus restos mortales fueron repatriados para ser enterrados en el panteón de reyes del monasterio.

¿Cuándo y por qué se rompió lo que estaba «anunciado» que se rompería?

El piso vacío

La historia sentimental de Gonzalo de Borbón y su esposa Mercedes Licer era el manantial que no cesa. Difícilmente una pareja era capaz de generar tal cantidad de noticias en tan breve espacio de tiempo. Noticias de todo tipo. No solo para la prensa del corazón. También para la de opinión. Tal fue el caso del prestigioso *ABC*, que en su número del 26 de julio de 1985, a un año justo de la boda, ofrecía a sus lectores la siguiente primicia: «Gonzalo de Borbón estudia separarse de su esposa Mercedes Licer.»

El motivo «parecía tener que ver con la ausencia de esta del domicilio conyugal motivada al parecer por una invitación del conocido hombre de negocios periodístico, el venezolano Armando de Armas».

Según el representante legal de Gonzalo de Borbón, señor Torres del Molino, «aún no estaba decidido a presentar la demanda de separación previa a la del divorcio».

A raíz de esta información fue cuando Vicente Olmedilla, íntimo amigo de Gonzalo y amable e interesado componedor, se ponía en contacto conmigo, director entonces de una publicación del Grupo Zeta, para venderme por 25 millones de pesetas toda la historia en las condiciones ya referidas antes.

Sin esperar a cerrar el trato con el conde de Cerrajería, que ese era el título del avispado amigo de Gonzalito, este aprovechó la ausencia de Mercedes en Venezuela para... vaciar el piso, llevándose todos los muebles. «Le he dejado una cama, un tresillo, una mesa, la cocina, unos platos y unos vasos, y la moqueta, que no me la he llevado», diría cínicamente Gonzalo. Al mismo tiempo, los abogados interponían la demanda de separación.

«He dicho adiós a la vida en común con Mercedes, hay cosas que no se aguantan, se soportan. Pero llega un momento dado que, o explotas, o te tiras de un séptimo piso o te pegas un tiro. Me duele, pero cuando hay que cortar radicalmente se corta.»

El 1 de julio de 1985 se presentaba la demanda de separación previa al divorcio. Gonzalo reconocía que se habían equivocado los dos. «Yo porque soy perro viejo y ella por su juventud. Pero la juventud comete más errores que los perros viejos.»

«Este tipo no tiene perdón de Dios»

«Desde que me quedé embarazada no tenía relaciones con él. Pero Gonzalo ha aprovechado, fíjate qué mezquindad, que me encontraba en Venezuela para vaciar el piso y poner la demanda de separación. ¿Por qué no tuvo narices cuando estaba yo en Madrid? Este tipo no tiene perdón de Dios... Ha tenido dos matrimonios en dos años. Conmigo mal, con la otra... Gonzalo, todo el mundo lo sabe, es un alcohólico. Está acabado. Yo no sé qué hacer, no tengo a nadie.»

Al parecer, la culpa de todo, como era habitual en esta pareja, la tuvo el dinero. Según Mercedes, todo empezó cuando le ganaron una demanda a la revista *Interviú*, que tuvo que indemnizarles con... 40 millones. Parece que el juez, por aquello del apellido Borbón, quitó del medio a Gonzalo, excluyéndolo de la demanda y señalando que los millones se los tenían que dar a Mercedes. Gonzalo se volvió loco. Porque ella no quiso darle ni un duro.

Tras abandonar el domicilio conyugal llevándose todos los muebles, Gonzalo se trasladó a vivir a casa de su hermano Alfonso, el duque de Cádiz, dejando a deber dos meses de alquiler a su antiguo casero. Mercedes, compuesta, sin marido, sin muebles, sin hogar, estuvo viviendo en casa de unos amigos hasta que pudo trasladarse a un apartamento amueblado.

En la demanda de separación, su alteza real el príncipe don Gonzalo de Borbón y Dampierre pedía que su esposa le mantuviera de por vida porque era millonaria. Según ella, los culpables de su separación fueron su hermano y su madre, que nunca la quisieron. «Aprovecharon que yo estaba en Venezuela para convencerlo, y él, un hombre débil, se dejó convencer.»

Como no hay dos sin tres, la tercera boda de Gonzalo, con Emmanuella Pratolongo, según Carmen Harto, la primera esposa, fue organizada por doña Emmanuella de Dampierre, la madre. Para ello, después del fin del segundo matrimonio, con Mercedes Licer, se lo llevó a Roma y allí lo amarró corto y no paró hasta que lo casó con la mujer que ella había elegido.

La muerte de Gonzalo evitó un tercer divorcio.

Alfonso de Borbón y María del Carmen Martínez-Bordiú

Alfonso y María del Carmen

El 20 de diciembre de 1971 se anunciaba, desde el palacio del Pardo, el compromiso oficial de María del Carmen Martínez-Bordiú Franco con su «alteza real» el «príncipe» don Alfonso de Borbón Dampierre. Tres días después tendría lugar en el citado palacio, residencia del jefe del Estado español, el general Franco, la ceremonia de la petición de mano, en la que fue fijada la fecha de la boda: el 8 de marzo de 1972.

Al mismo tiempo que en Madrid, en París y «por orden del príncipe», el secretario del duque de Anjou, de Segovia, jefe de la Casa de Borbón, tuvo el gran honor y alegría de anunciar, oficialmente, la boda de «su alteza real» el «príncipe Alfonso», duque de Borbón, embajador de España en Suecia e hijo mayor del príncipe, con la señorita María del Carmen Martínez-Bordiú y Franco, hija del marqués y de la marquesa de Villaverde y nieta de sus excelencias el jefe del Estado español y doña Carmen Polo de Franco.

Como es fácil advertir en los anuncios oficiales del noviazgo, sobre todo el emitido por el infante don Jaime, padre del novio, no había ni un tratamiento ni un solo título que fuera, no ya correcto, sino legal. Ni don Jaime era jefe de la Casa Real, ni su hijo Alfonso alteza real, ni príncipe, ni duque de Borbón. Solo excelentísimo señor, por ser embajador de España. Que lo era. Y siendo embajador español en Suecia se pusieron los cimientos para esa boda de la conspiración para intentar colocar en el trono, todavía vacante de España, al hijo primogénito del infante don Jaime, Alfonso, primo hermano del príncipe don Juan Carlos, designado desde 1969 heredero de Franco a título de rey.

Pero la ambición es ciega. Por un lado estaba Alfonso, que se había pasado toda la vida conspirando contra su primo, por creer tener más derecho a ser un día rey de España. Por otro, doña Carmen, pero sobre todo el marqués de Villaverde, que vieron la oportunidad de que su nieta e hija se convirtiera en reina... casándose con Alfonso, gran amigo del marqués.

Esta boda pudo haber cambiado el curso de la historia. De haberse celebrado solo unos años antes, a lo peor los reyes de España se hubieran llamado Alfonso y María del Carmen.

Siete años después, María del Carmen, contra los deseos de Alfonso, interpuso demanda de divorcio, aunque dos años antes, en 1977, la abogada de ella, Concha Sierra, ya había interpuesto una demanda legal de separación.

Contra la primera sentencia de divorcio, en el juzgado de familia número 25 de Madrid, Alfonso recurrió a través de su abogado el 24 de mayo de 1982, Juan Pérez de Alama.

El 9 de mayo de 1983, cuando Carmen llevaba ya más de seis años viviendo con su nuevo amor, Jean Marie Rossi, se veía la causa de este recurso en la Sala primera de la Audiencia territorial. Dicha sentencia fue inapelable y definitiva, y notificada a las partes el día 20 de noviembre de 1983.

Fue el triste epílogo de una boda cuyos motivos no estuvieron nunca claros. La novia dejó de ser la «nietísima» para convertirse por matrimonio en alteza real sin serlo, acabar como amante de un viejo anticuario de París, y más tarde como madame Rossi.

Los novios

La novia, María del Carmen Martínez-Bordiú, era una joven de indiscutible atractivo físico que acababa de romper, no hacía mucho, su relación mantenida durante varios años con el joven Jaime Rivera, cuando casi se encontraba a las puertas del matrimonio. Aquel noviazgo era seguido día a día de forma almibarada y constante por la prensa del corazón y por la que no lo era. El novio de esta historia, Alfonso de Borbón Dampierre, era embajador de España en Suecia y su nombre había sido utilizado con alta frecuencia, años atrás, por la oposición oficial a la persona de su primo el príncipe don Juan Carlos, con vistas a una instauración monárquica. Sobre todo por los sindicatos verticalistas de Solís y Emilio Romero y por políticos como el ex ministro Sánchez Bella y otros.

Tras ser nombrado don Juan Carlos como sucesor

del general Franco, con el título de príncipe de España, se pensó que era más sensato alejar a Alfonso de Borbón de la villa y corte de los milagros y de las especulaciones, ya que él, que siempre creyó tener ciertos derechos dinásticos, se dejaba querer y manejar por los especuladores políticos de España. Y se le nombró embajador en la capital sueca.

Hasta entonces nunca se había relacionado el nombre de Alfonso de Borbón con el de María del Carmen Martínez-Bordiú. Aunque como es lógico suponer, ambos se conocían de siempre y habían coincidido a lo largo de esos años en numerosas ocasiones dentro y fuera de España, sobre todo en la época en que la nieta del jefe del Estado cursaba sus estudios en Suiza, adonde Alfonso viajaba con frecuencia para visitar a su abuela, la reina doña Victoria Eugenia, residente en Lausanne.

Pero las vidas de ambos jóvenes habían ido por caminos diferentes, sobre todo en una época en que la diferencia de edad, sin ser excesiva, hacía que las actividades de un joven y de una niña fueran totalmente diferentes.

Luego es más fácil que una mujer de veinte años y un hombre de treinta coincidan no solo en los mismos lugares de ambiente, sino hasta en la práctica de gustos y aficiones.

Lo que ocurrió es que los partidarios políticos de Alfonso jamás pensaron —¡imperdonable error!— en la nieta de Franco como medio para que este pudiera acceder un día al trono de España. Cuando lo hicieron era ya demasiado tarde. Todas las maniobras, intrigas, incluso en el ámbito familiar, no sirvieron para nada, aunque se intentó casi a la desesperada cambiar ese curso de la historia del que hablábamos al comienzo. Sobre todo por la oligarquía femenina que rodeaba a Franco, al frente de la cual se encontraba su esposa doña Carmen Polo, una de las primeras personas en rendir pública pleitesía a la nueva «princesa» de Borbón. Ella fue la pionera en hacer la reverencia a su nieta, dando ejemplo de ello a todas las esposas de los serviles ministros del Gobierno de entonces, en el transcurso de un té organizado en el palacio del Pardo. Cuando María del Carmen hizo su entrada en la salita donde su abuela y las ministras se encontraban, doña Carmen se levantó, hizo la genuflexión y todas la imitaron.

La conspiración se pone en marcha

Tras el fracaso sentimental de María del Carmen con el joven Jaime Rivera, su primer amor, y en un desesperado intento de los marqueses de Villaverde por sacar a su hija de la crisis en que la ruptura del noviazgo la había sumido, decidieron llevarla a un viaje a Suecia donde, ¡oh casualidad!, se encontraba de embajador Alfonso de Borbón, de 33 años, amigo del doctor Martínez Bordiú desde hacía muchos años.

Es el propio Alfonso quien en sus *Memorias* (Ediciones B, 1990) recuerda el encuentro que tanta trascendencia tendría en su vida y en la de Carmen.

«Íbamos a sumergirnos en el largo invierno escandinavo, el segundo que viviría en su totalidad, cuando me llamó Villaverde para comunicarme que iban a hacer un viaje profesional a Suecia.»

Desconozco qué sucedió entre aquella primera llamada y la que se produjo dos días después.

Pienso que tanto el marqués como su suegra, doña Carmen, debieron de pensar que siendo el embajador un hombre soltero, guapo y además Borbón, y Carmen tan joven, tan bella y recién salida de un noviazgo desgraciado, podía ser una gran oportunidad para reconducir su vida sentimental. Y, además, ¿darle un cambio a la Historia? «¿Por qué no la llevamos a Estocolmo?»

Solo había que volver a llamar al embajador. Alfonso se sintió feliz. Recordó que la última vez que vio a Carmencita, en casa de sus padres, los marqueses de Villaverde, era una niña, y que le había regalado una caja de bombones, porque ese día cumplía 13 años.

¿Fue un flechazo a primera vista? Posiblemente mucho más. Alfonso no olvidó nunca aquel reencuentro sobre el que había tenido varios días para pensar en él.

«De pronto, en la noche polar, la vi aparecer como un rayo de sol español. Mientras avanzaba hacia mí, por la pista de llegada del aeropuerto, radiante de alegría y juventud, sentí que mi corazón latía más deprisa», recordó de forma tan romántica y tan ridículamente cursi.

«Entraba en mi vida en un momento en que empezaba a sentirme muy solo. Todavía no habíamos abandonado el aeropuerto, no había tenido tiempo de formar un proyecto, pero ya sabía que las cosas llegarían muy lejos.»

Que era mucho saber. «Pero durante su estancia en Estocolmo se concretó en mí la idea de que me había enamorado perdidamente de Carmen y que debía casarme con ella.»

¿Vio Alfonso la oportunidad de llevar a cabo sus sueños de conspirador a través de Carmen para desplazar a su primo Juan Carlos del camino al trono?

Sobre lo que no cabe la menor duda, porque Carmencita lo ha reconocido con su proverbial sinceridad, es que casándose con Alfonso ella recobraba la libertad que su padre le negaba.

¿Y el marqués y doña Carmen? Simple y llanamente veían a su hija y nieta convertida en reina de España. Probablemente esto nunca hubiera sido posible. Pero con esa boda amargaría la vida a don Juan Carlos; era lógico y natural. Alfonso, que siempre había conspirado contra él, lo tenía muy fácil. Todas las noches dormiría con la «nietísima» del hombre de quien dependía su futuro.

Aunque Juan Carlos ya había sido designado heredero al título de rey, seguía siendo un heredero a la espera de destino. ¿Se imaginan ustedes las noches que doña Carmen debió darle a su marido intentando que cambiara de candidato y designara a Alfonso su heredero?

«Lo que sí es cierto es que no dejaba de pensar en la morena aparición [¡qué cursi!]. Y aprovechando el primer fin de semana, me declaré», confiesa en sus memorias Alfonso de Borbón.

Cuando se le anunció a Franco que su amadísima nieta había decidido casarse con Alfonso de Borbón respondió, simplemente: «Espero que sea para bien.»

Todo lo dicho anteriormente no debe considerarse, en modo alguno, como menoscabo del encanto, belleza y juventud de la nieta del general Franco, que reunía cualidades y atractivos suficientes para enamorar, sin otros motivos, a cualquier hombre de buen gusto. Pero es que aquí, además, existieron otras miras. Por ambas partes. Quizá no tanto por los protagonistas de esta boda como por sus familiares y amigos.

«El 8 de marzo nos casamos. Para bien y para mal», escribía Alfonso en sus memorias.

La boda de Carmencita vista por su madre

Carmen Franco, marquesa de Villaverde, recordaba en el libro *Franco mi padre*, de Jesús Palacios y Stanley G. Payne (La Esfera de los Libros, 2008), su muy personal visión de la boda de su hija Carmencita.

> A mí me causó preocupación, porque mi hija Carmen era muy joven y me parecía inmadura al lado de él, porque era bastante mayor que ella. Yo

consideraba a Alfonso de Borbón como a un amigo de mi cuñado José María. Pero Alfonso era un chico muy triste y una persona muy buena y muy capaz, pero demasiado seria para mi hija, que era un poco inmadura y no la consideraba preparada para una boda. A mí me preocupó. Había ido a un viaje a no sé dónde y cuando volví me lo dijo Cristóbal, mi marido. Antes, nosotros habíamos ido a Suecia y a Finlandia, porque mi marido iba a abrir con otras personas en Marbella la clínica Incosol y querían llevar unas enfermeras para casos geriátricos. Total, que fuimos a Suecia [donde en aquel momento Alfonso de Borbón era embajador] y a Finlandia con el doctor Parra y su mujer, y llevamos a Carmencita, y a la vuelta yo notaba que había un flirteo —se puede decir así—, un poquito, pero no creí que él nunca se fuera a decidir, ella tampoco, por el matrimonio. Fue entonces cuando volví de otro viaje que hice a no sé dónde cuando me lo dijo Cristóbal. Yo me quedé preocupada, porque Carmencita no me parecía preparada. Se casó justo a los 21 años. Hay chicas que a los 21 están muy formadas y hay personas que a los 21 están un poco verdes para el matrimonio. Pero se casaron, y bueno, duró un poquito.

Sobre las posibles implicaciones políticas, la marquesa de Villaverde responde: «A eso yo no le daba relieve, puede que algunos sectores pensaran que podía tener consecuencias. No sé qué hubiera pasado quince años antes, cuando Carmen no debía tener más de 6 años [se ríe por la ocurrencia], pero en aquel momento eso no me daba preocupación. Lo que me daba preocupación es que él era una persona triste y mi hija era muy alegre, excesivamente alegre. Yo no veía fácil que congeniaran bien los dos caracteres. Nada más que eso me preocupó. Y sobre la parte de que mi padre o mi madre pensaran que había que cambiar algo por ese matrimonio, ni hablar. Ahora, a mi padre, el que fuera nieto de Alfonso XIII sí le halagó un poco, pero también le preocupó. Pero por complicaciones políticas, no, tenían completamente descartado a Alfonso. Mi padre sabía que podía haber problemas por cómo era la personalidad de su nieta. Mi madre también le dijo: "Pero ¿te lo has pensado bien, chiquitina?" Dicen que Carmencita era la preferida de mi padre, y no, para nada, era la preferida de mi madre. A ella que se casara así, joven, también le daba un poco de pena, porque había estado como muy sujeta y no conocía mucho de la vida. Un poco lo que me pasaba a mí. De hecho, Alfonso estaba entonces de embajador en Suecia, y el primer año de matrimonio Carmen estuvo en Suecia con él. Y bueno, al principio no iba mal.»

La duquesa de Franco insiste en el libro en que su padre sabía de todas estas especulaciones que se hacían sobre un cambio en la Ley de Sucesión, pero que nunca pensó en modificar la legislación. «Jamás, jamás. Eso ni se le pasó por la cabeza. Nada. Ni tampoco decir algo así como "qué pena que no...", aparte de que no consideraba que te pueda dar la felicidad ser rey o reina, sino todo lo contrario: es una carga, una carga difícil de sobrellevar. No, eso nunca. Él era muy consciente de ello, mucho.»

Pese a la machacona insistencia de quienes afirmaron que hubo una intriga del entorno familiar de la familia Franco, la marquesa de Villaverde es tajante:

«No. No. Lo que sí era verdad es que don Alfonso insistió mucho en que se le concediera algo. Yo no sé si él pidió que se le concediera el título de príncipe de Borbón, lo que fuera, para que lo llamaran Alteza Real y a su mujer también. A nosotros nos daba la risa, no nos importaba nada; ni a mi padre, ni a mi madre ni a mí. Absolutamente nada. Se hizo un decreto, o lo que sea, diciendo que se le concedía el título de duque de Cádiz con tratamiento de Alteza Real para él y sus descendientes, que está fatalmente hecho, porque descendientes son Montaña en otras generaciones, y no puede ser eso de Alteza Real, así, para todo.»

Para todo «quisqui», pero él pidió eso y puede que hubiera pedido antes lo de príncipe de Borbón. Puede ser. Cuando los autores le preguntan qué hay de las esperanzas que podría albergar Alfonso de Borbón, Carmen Franco también las rechaza con firmeza: «No. Eso no. Ahora, lo que sí pretendía era estar de embajador en un sitio o que le dieran un puesto, como luego estuvo en Cultura Hispánica. Él pensaba que tenía un poco de derecho, ya que se había prestado para ser un posible candidato, que el Gobierno español tenía un poco de responsabilidad en ayudarle en otro concepto. Para tener un buen cargo profesional, algo así.»

Cuarenta y un años de exilio

Puede decirse, sin temor a exagerar, que los actos de la boda de María del Carmen Martínez-Bordiú Franco y Alfonso de Borbón Dampierre comenzaron tres días antes de la fecha fijada en las invitaciones repartidas a los 2.500 invitados. ¡2.500!

Durante tres días consecutivos, el salón de Honor del aeropuerto de Madrid-Barajas fue el lugar de cita de los novios y de sus familiares, así como de toda la prensa, con motivo de la llegada de los regios invitados a la «Boda del Año». De toda Europa, como de América y hasta del lejano país filipino, llegaron en vuelos regulares y especiales personalidades ligadas a los novios por lazos de amistad y de parentesco.

La primera y más importante de ellas fue, sin duda alguna, la del infante don Jaime de Borbón, padre de don Alfonso e hijo del último rey de España, Alfonso XIII. Su llegada a Madrid constituyó tal vez uno de los momentos más emocionantes de esta boda, ya que el infante pisaba tierra española después de cuarenta y un años de exilio. Fácil es explicarse la emoción que revistió el encuentro con su hijo, con su futura nuera, Carmencita, y con infinidad de amigos que acudieron a recibirle.

Como es lógico y natural, al frente de todos se encontraba el «príncipe de España», don Juan Carlos de Borbón, que acudió al aeropuerto en compañía de su esposa la princesa doña Sofía y de sus hijos los infantes

Felipe, Elena y Cristina. También se encontraban presentes los marqueses de Villaverde y otras personas. Al descender del avión Mystère, puesto a disposición por el Gobierno español para que realizara el viaje desde París —cuando la reina Victoria Eugenia vino a España por primera vez después de casi cuarenta años de exilio para asistir al bautizo de su biznieto, el príncipe Felipe, tuvo que hacerlo en una línea regular de Air France, que cubría el trayecto Niza-Madrid—, fue recibido en primer lugar por su sobrino, el futuro rey de España, con el que se fundió en un emocionado abrazo que parecía no tener fin. Luego abrazaría a su hijo Alfonso y a María del Carmen, a la que besó con cariño y ternura. La emoción del momento era intensa.

«¡Cuarenta y un años! ¡Dios mío!», le oí balbucear, mientras se esforzaba por contener el llanto.

En un coche en compañía de su hijo Alfonso, de María del Carmen y del marqués de Villaverde, el infante abandonó el aeropuerto en dirección a Madrid.

Fue su deseo, antes de dirigirse a la residencia de la condesa viuda de Romanones, Blanca de Borbón, en Puerta de Hierro, donde se alojaría, dar una vuelta por la ciudad que hacía cuarenta y un años tuvo que abandonar junto a toda la Familia Real. Yo le seguí en mi coche, y le vi mirar, con los ojos llenos de nostalgia, el paseo de la Castellana, la plaza de Cibeles, la calle de Alcalá, la Puerta del Sol y la calle de Arenal. Y cuando se aproximaba a la plaza de Oriente, donde se halla el Palacio Real, el coche viró de repente y, a toda velocidad, se perdió por un sinfín de callejuelas del Viejo Madrid de los Austrias, hasta salir a la calle de la Princesa, ciudad Universitaria y ciudad Puerta de Hierro.

Una vez en la casa de la viuda de Romanones, me diría con los ojos enrojecidos:

—No he querido ver el Palacio Real. Mi corazón no lo hubiera soportado.

El mismo día de la llegada del infante don Jaime, padre del novio, y horas antes, llegaba a Madrid la princesa de Ruspoli, abuela materna de don Alfonso. Y, más tarde, procedente de Roma, doña Emmanuella, dama de extraordinaria simpatía. Era la primera visita que la madre de don Alfonso, que contaba 60 años, realizaba a España. El regalo que ella le había hecho a su futura nuera era un broche de brillantes de gran valor material y sentimental, ya que procedía de su familia, los Ruspoli. También me informó doña Emmanuella que hacía muchos años que no veía al infante don Jaime, su marido, del que se encontraba divorciada. Comprendía la emoción que para él suponía volver a Madrid después de tantos años de ausencia.

La presencia de la madre de Alfonso y de la abuela fue causa de no pocas tensiones y especulaciones, ya que incluso se puso en duda su capacidad para ser madrina de la boda de su hijo, dada su condición de divorciada. Pero, a pesar de ser esto absurdo, aunque la Iglesia lo prohibiera, fácil es suponer que para Franco y su familia nada era imposible ni nada estaba prohibido.

A lo largo de todo el día llegaría también la princesa Gracia Patricia de Mónaco, vistiendo un maxiimpermeable de cuero plastificado de color negro y un pañuelo de color turquesa en la cabeza. En el mismo avión y procedente de Niza, llegó el príncipe Bertil de Suecia, hijo del fallecido rey Gustavo Adolfo, que venía acompañado por su todavía eterna novia y amante la señora Linda Craig, el amor de su vida, con quien se casaría años más tarde y por quien renunció a sus derechos al trono de su país. También llegarían las princesas Cristina y Desirée de Suecia.

La princesa permaneció en el salón de Honor del aeropuerto una hora, en espera del avión que desde Ginebra traía a su hermana, la princesa Desirée, que venía acompañada por su esposo.

La presencia de miembros de la Familia Real de Suecia, país, gobierno y dinastía que no vieron nunca con buenos ojos el régimen dictatorial del general Franco, se debía a que Alfonso era por entonces embajador de España en Estocolmo. De todas formas, la visita era solo a título privado y personal. También aparecieron Cristina Ford y su esposo, el actor David Niven y su esposa, la vizcondesa de Ribes y otras personalidades.

Como dato curioso, de los miembros de la Familia Real española a la que pertenecía Alfonso de Borbón residentes en Roma, como son los Marone y los Torlonia, solo se trasladaron a Madrid para asistir a la boda la infanta doña Cristina, hermana de don Jaime y tía del novio que lo había hecho una semana antes, y su prima, la princesa Olimpia. Estas lo hacían por su parentesco directo con el novio. El resto no quiso saber nada de la boda, ni del novio ni de la novia.

La víspera de la ceremonia hubo un curioso incidente que pudo acabar en accidente y dar al traste con la presencia del príncipe don Juan Carlos en la boda. En la residencia de la condesa de Romanones, donde se alojaba el infante don Jaime, se celebró una cena de gala. A los postres, el infante don Jaime, de una manera ilegal, arbitraria y generosa, decidió repartir diversos toisones de oro, facultad que solo tiene el rey o el jefe de la Familia Real, que entonces lo era el conde de Barcelona.

La guerra de los toisones

Y, de pronto, salió el sol. Repentinamente, aquel cielo velazqueño, a través del cual se difuminaba la cúpula de la capilla del Pardo, aquel cielo de nubarrones, se hizo límpido y claro. Y en un instante un calor nuevo, de tibia primavera, vino a borrar el frío gélido de la tarde. Todo se convirtió en un destello luminoso, en una explosión de luz y color. Era el instante justo en que María del Carmen Martínez-Bordiú Franco, del brazo de su abuelo y padrino, el jefe del Estado, aparecía en el jardín. En todos los relojes eran las seis y diez minutos exactos de la tarde del día 8 de marzo de 1972.

Al príncipe Juan Carlos le preocupaba que Franco apareciera en la boda de su nieta luciendo el toisón de oro que tan ilegalmente le había entregado, el día anterior, el infante don Jaime en el transcurso de la audiencia que le concedió en el palacio del Pardo. Franco sabía que don Jaime no tenía atribuciones para ello. De haberlo lucido, ¿cuál hubiera sido la reacción del príncipe? Posiblemente marcharse. Pero nunca se sabrá por qué el Caudillo no lo llevó.

Don Jaime tampoco fue feliz el día de la boda, porque vio que ni Franco llevaba el toisón que él le había otorgado, ni su hijo tampoco. A Alfonso se lo había «concedido» el día antes de la ceremonia, a los postres del almuerzo en casa de su prima Blanca de Borbón, a la que me he referido anteriormente.

De repente, don Jaime se adelantó, pronunció «unas palabras», ya que era sordomudo, en tono solemne, y sacándose del bolsillo un toisón se lo impuso a su hijo.

Una vez más, el infante colocaba a Alfonso en una delicada situación. Si se lo ponía, desencadenaría un serio incidente con su primo Juan Carlos. Si no lo llevaba, ofendería a su padre.

«Cuando vi los ojos de mi padre posarse con reproche sobre mi uniforme, donde no brillaba más que la Cruz de Isabel la Católica, supe que le había proporcionado un gran disgusto y un gran sufrimiento.» Tan grande y justo sufrimiento que no se lo perdonó jamás. No quiso apadrinar a su nieto y se murió sin querer conocerlo.

A las seis en punto de la tarde, el cortejo emprendió el camino hacia la capilla, entre los alabarderos del regimiento de la Guardia del Generalísimo y los invitados que ocupaban uno de los dos patios interiores habilitados para la ceremonia. Aproximadamente a las siete menos cuarto de la tarde, los novios repetían ante el cardenal arzobispo de Madrid, el doctor Vicente Enrique Tarancón, «el de Tarancón al paredón» por su homilía el día de la misa de la Coronación del príncipe Juan Carlos. Como digo, repetían ante el cardenal arzobispo los tres «sí»: sí quiero, sí me otorgo, sí recibo, de la liturgia del sacramento del matrimonio católico y a los veintidós años exactos de que en la misma, los padres de la novia, marqueses de Villaverde, un 10 de abril de 1950, contrajeran matrimonio.

Terminada la ceremonia, la novia se dirigió en primer lugar hacia su abuelo materno como jefe de Estado que, visiblemente conmovido, no pudo reprimir unas lágrimas de emoción. A pesar de la fama de hombre frío, insensible y duro que tenía Franco, y que lo era, este periodista fue testigo en numerosas ocasiones de verle hacer pucheros e incluso llorar con sus nietos. Son esas debilidades que tienen todos los dictadores.

María del Carmen Martínez-Bordiú lucía un modelo diseñado por Balenciaga (su última obra, ya que meses después moría en su castillo del País Vasco), en *shantung* con florecitas bordadas en pedrería, como también la cola del vestido. En el tocado llevaba un velo de tul sujeto por una valiosa diadema de esmeraldas, regalo de sus abuelos maternos. Y las flores bordadas eran flores de lis, *of course*.

Todo por... dinero

Para el infante don Jaime, el día de la boda tampoco fue feliz, no solo por los incidentes de los tristemente famosos toisones de oro, sino por la presencia de su ex mujer, Emmanuella de Dampierre, a la que no veía desde que se habían separado hacía casi treinta años y que tanto le había hecho sufrir quitándole la potestad de sus hijos, y con la que tuvo que compartir mesa y foto familiar durante la boda. Segundo, porque al infante le hubiera gustado estar allí con su compañera, Carlota Tiedemann, aquella austríaca que lo mató de un botellazo en la ciudad suiza de Saint Gallen. Pero no se lo permitieron, en primer lugar por la presencia de la Dampierre, que era la madre del novio, y en segundo lugar porque no estaba casado legalmente.

En principio, *madame* Charlotte, como la llamaban los legitimistas franceses para no darle el título de duquesa de Segovia, se negó a que don Jaime viajara a Madrid si no lo hacía ella, como ya se había negado cuando la cena de pedida. Pero un maletín con algunos millones hizo el milagro. También se había hecho con otro maletín para que, además de respaldar don Jaime la decisión del general de nombrar a Juan Carlos su heredero a título de rey, el 22 de julio de 1969, también elogiara la decisión.

Por dinero, el infante, hijo del último rey de España, que siempre estaba a la cuarta pregunta, hacía cualquier cosa. En este terreno, nunca tuvo la habilidad de su hijo Alfonso. Hasta llegó a sablear al general Franco con numerosas peticiones económicas. Una vez le solicitó, humildemente, 500.000 pesetas. Franco le envió solo 300.000. Hasta llegaron a hacerse colectas para crear un «capitalito», cuyas rentas, pequeñas ellas, pudieran permitirle estar al abrigo de la necesidad. Pero no solo se comió la renta, sino también el capital. No tenía arreglo. *Madame* Charlotte, que tampoco tenía dignidad, permitió que don Jaime pudiera estar junto a su hijo el día de la boda solo por dinero.

Fin de la farsa

Un 20 de noviembre de 1975 murió el general, y a toda su tropa «el pasado se les convirtió en un cubo lleno de ceniza», que diría Karl Sandbug. Desde ese día todos, sin excepción, hubieran preferido ser un Martínez cualquiera.

La muerte del general terminó con el último acto de la comedia: el de las reservas, las simulaciones y los intentos de ambos por atenuar los defectos del otro. Ella empezó a ver que su alteza real, su marido, era un pesimista, un introvertido, un triste, un amargado, un inseguro y un pretencioso que la aburría.

Él, que su esposa seguía siendo caprichosa, poco madura, irreflexiva, ligera de cascos y sin conocimiento real de la vida. ¡Que también tenía gracia! ¿Quién le había puesto la etiqueta que le había negado a la niña su propio potencial de crecimiento? Su alteza real, la duquesa de Cádiz, «la princesa de Borbón» empezó a deshacer los nudos que le ataban a ese presente y al pasado inmediato. Se quitó, sino la careta, sí la etiqueta que le impedía crecer, cambiar y hacer su vida de entonces en adelante. La única vida que tenía, estimulante y llena de momentos plenos y felices.

Para ello contó con la inestimable ayuda de Isabel Preysler, su amiga y vecina en San Francisco de Sales, el piso regalado por la abuelita, que se aburría porque su marido, Julio Iglesias, se creía también otro rey, aunque fuera de la canción. Como tal vivía. Como tal la tenía abandonada porque se debía a sus fans, como Alfonso a los suyos, que deseaban perpetuar el franquismo sin Franco.

Hubo influencias más nefastas y sutiles, que son las que suelen aparecer en las rupturas matrimoniales, como reconocería su alteza real, el desgraciado Alfonso, en sus memorias: «Esas personas no dejaban de encomiar los encantos de la libertad. En dichas reuniones se respiraba un aire de independencia e irresponsabilidad. Hubiera debido prestarle más atención», reconoció el duque al referirse a Isabel como a la «manzana podrida que estropea todo el cesto».

Posiblemente, en su estricta moral de escuela, llevaba razón, pero se olvidaba de que cuando alguien desea irse se va. Y si aparece en su vida un garañón «en forma de señor que tenía menos problemas que yo y se mostraba probablemente más apto para divertirla —ya es humillante tal confesión— mejor que mejor». No fue impedimento ni el tratamiento, ni el título, ni los hijos, ni la memoria del abuelito, al que ya no había que temer porque se había ido, ni el dolor de la abuelita, ni la opinión pública, para que después de haber desafiado al escándalo se liara la manta a la cabeza y se marchara porque «nuestra unión había dejado de divertirle».

Lo más cruel es que su alteza real, la duquesa de Cádiz, eligió para hacerlo el día y el momento más inoportuno, el mismo que estrenaban su chalé en Puerta de Hierro, el mismo día en que, sin estar aún terminada la decoración, transportaban todo lo que poseían. Dejaban el piso de la abuela en San Francisco de Sales para vivir en lo que el pobre Alfonso pensaba que iba a ser el sueño de su vida, un sueño que al fin se cumplía. Él, que desde niño solo había conocido internados, hoteles, colegios mayores y casas prestadas, por fin iba a tener su primer y definitivo hogar. Eso pensaba él. Fue ese mismo día y no otro, a la hora de la cena, cuando María del Carmen le disparó en pleno corazón a su marido: «Alfonso, voy a abandonarte.»

¿Tanto odio y tanto resentimiento abrigaba contra él?

Y se fue. Para siempre. Más allá de los Pirineos. Para convertirse, ella, su alteza real la duquesa de Cádiz y «princesa de Borbón» en la amante de un donjuán francés algo mayor que tenía fama de buen amante. Una de sus esposas seguía viviendo en el mismo edificio. Ella podría atestiguarlo.

¡Ella, que tanto se había aburrido haciendo el amor con su alteza real!

Carmen pidió el divorcio...

El pobre Alfonso recordaba así las primeras consecuencias de aquella escandalosa ruptura: «De la noche a la mañana, por la forma en que se produjo, quiero decir, me encontré sin esposa, con dos niños a mi cargo y mi hogar destrozado. Mi único deseo era salir lo más discretamente posible, aunque sabía que no sería fácil por nuestras mismas personas y la atención que se nos prestaba. Quería salir de la situación creada, causando el menor escándalo posible y en bien de nuestros niños. Pero no fue posible y creo que no precisamente por mi mujer, sino por su error ante cualquier dificultad, y como el tema de la separación la fastidiaba, en cuanto a trámites y conversaciones, quiero decir, entregó todos sus poderes a una abogada, ansiosa de popularidad y sensacionalismo, que debió de ver en nuestra separación una mina y que no ha dejado de incordiarme todo lo posible.» Se refería, sin nombrarla, a Concha Sierra, una importantísima abogada matrimonialista.

«Cuando ya nos separamos de común acuerdo, pedimos la anulación, pero luego, sin decir nada y al parecer siempre aconsejada por la misma persona, Carmen pidió el divorcio, porque parece que la convencieron de que era una forma más rápida de salir del *impasse* donde nos encontrábamos. Yo, como católico, no lo podía aceptar, ya que habíamos pedido los dos la anulación desde el principio. Eso creo que a estas alturas está claro, aunque depende de los tribunales, que aunque yo me oponga, cumplidos los requisitos y plazos, su abogada puede conseguir el divorcio en los tribunales civiles. Pero yo siempre seguiré pleiteando la anulación ante el tribunal eclesiástico al que toca pronunciarse y ante el que solicitamos, desde un principio, su sentencia. Sé que un día, aprobada la ley de Divorcio, este es plenamente legítimo y cualquier español puede invocar esa ley, pero para mí, personalmente, prefiero que las cosas se resuelvan por el mismo fuero por el que contraje matrimonio canónigo, católico, apostólico y romano.»

El 9 de mayo de 1983, cuando Carmen llevaba ya más de seis años viviendo en París con su nuevo amor, Jean Marie Rossi, se veía la causa de este recurso en la Sala primera de la Audiencia Territorial, quedando vista para sentencia inapelable y definitiva. Dicha sentencia fue pronunciada el 14 de noviembre y notificada a las partes el día 20 del mismo mes.

Desde ese momento Carmen recobraba, legalmente, el estado civil de soltera. Por tanto quedaba libre de contraer nuevo matrimonio, si tal era su deseo, como sucedió un año más tarde y del que ya nos ocuparemos en su momento.

Ni esta sentencia civil ni la canónica afectaron para nada a Carmen, que seguía viviendo su apasionada y feliz relación sentimental con Jean Marie Rossi, en pareja, sin casarse. Veía a sus hijos cada dos o tres meses.

Y Alfonso solamente quería la nulidad

En sus memorias, Alfonso de Borbón escribe: «Según las leyes civiles de hoy en España y en Francia, el verbo "divorciar" puede emplearse en voz pasiva. Transcurrido un plazo determinado, uno de los cónyuges "es divorciado" de oficio por el tribunal, de acuerdo o no con el otro, e incluso cuando este se haya negado a ello de forma categórica y constante. Me encontraba en este caso», dice Alfonso.

«Carmen y yo nos habíamos separado de común acuerdo, pero con la intención compartida de pedir la nulidad a Roma. Esta anulación era posible puesto que finalmente la obtuve. No quería romper el vínculo del matrimonio ante otra jurisdicción que aquella bajo el que lo había contraído.

»Una vez pronunciado el divorcio, persistí en el procedimiento entablado en el tribunal de la Santa Rota de Madrid. Este se apoyó en un conflicto al que pocas veces había recurrido: el de no comprensión del acto del matrimonio. Mi esposa no había comprendido el compromiso que contraía, respecto a mi misión y a la necesidad de tener hijos.»

Embarazo y boda de penalti

Un año para nunca olvidar fue el de 1984. Dos terribles tragedias afectaron por igual a María del Carmen Martínez-Bordiú Franco y a su pareja, Jean Marie Rossi: la muerte por accidente de Fran, el hijo de ella, el día 7 de febrero, y la de Mathilde, la hija de él, el 16 de agosto. La muerte de estos hijos unió aún más a la pareja de lo que ya estaba. Pero nadie esperaba la noticia que saltó a la prensa el 11 de diciembre del mismo año, tan fatídico: Jean Marie y Carmen se habían casado y lo habían hecho en la mayor intimidad, después de compartir la vida como pareja desde 1979. Lo hicieron sin ocultarse pero tampoco anunciándolo.

La decisión de contraer matrimonio siempre estuvo en la mente y el corazón de ambos, pero la falta de una sentencia definitiva e inapelable de divorcio lo hacía totalmente imposible. Aunque esta se hizo pública el 14 de junio de 1983. ¿Por qué no se casaron entonces si ella era de nuevo una mujer soltera? ¿Qué es lo que precipitó la boda? ¿El convencimiento de que ante la muerte de sus respectivos hijos se necesitaban mutuamente? ¿O porque María del Carmen se encontraba... embarazada de cuatro meses?

«No, ni mucho menos —declararía María del Carmen—. Nuestra boda la teníamos prevista hace algún tiempo, lo del embarazo ha llegado por sorpresa.»

El 22 de abril, poco más de cuatro meses después de haberse casado, María del Carmen daba a luz en la clínica La Muette, en el parisino barrio de Trocadero, a una niña, María Cynthia Francesca Mathilde, los dos últimos nombres con los que fue bautizada la pequeña le fueron impuestos en memoria de Fran y Mathilde, los hijos fallecidos del nuevo matrimonio.

Se dice que la suerte de un matrimonio depende de la primera noche. Eso sería antes, en la época de nuestras madres y nuestras abuelas, que solían casarse vírgenes. Pero ahora que hasta las princesas lo hacen después de un anterior matrimonio o tienen infinidad de aventuras no precisamente sentimentales, esa noche de bodas o no existe como tal o simplemente es una noche más y no de las más apetecibles, después de las emociones del día. María del Carmen, cuando se casó con Jean Marie Rossi, llevaba ya cuatro años viviendo en pareja. Por lo tanto mal podía el matrimonio fracasar esa noche de bodas. Por otro lado, Oscar Wilde decía que para estar siempre enamorado, uno o una no debe casarse nunca. Lo que no es del todo cierto. Existen mil ejemplos de matrimonios que han llegado a las Bodas de Plata, e incluso de Oro. No como en la primera noche, *of course*, pero sí aceptando que a lo largo de los años van desapareciendo la pasión, que es lo primero en extinguirse; luego el amor, que suele durar mucho más; el cariño, que es un amor descafeinado; para quedar, a determinada edad, en una inquebrantable amistad. Como ya hemos escrito al principio de este libro, si el amor nunca atiende a razones, la falta de amor tampoco. Pero no amar con la desesperación con que María del Carmen venía haciéndolo pudo ser la causa del aburrimiento y del desamor que fue apoyándose en sus relaciones estables y burguesas con un hombre que le doblaba la edad. Además, la duración de una relación amorosa es sencillamente una continuación de lo que ya no era lo que fue. María del Carmen y Rossi llevaban viviendo, no en pareja sino casados, nueve años, dos más de los que para los americanos suele durar sin problemas un matrimonio. «Nuestra separación es un hecho real. Hace algún tiempo que Jean Marie y yo llegamos a un punto sin retorno», declaró entonces a la revista *Hola*. «Mentiría si en estos momentos dijera que nuestro final no va a ser el divorcio.» Y lo fue. El segundo. Carmen tenía entonces cuarenta y tres años. Y como no hay dos sin tres...

LA INFANTA ELENA Y JAIME DE MARICHALAR

El anuncio de la boda

Fue tan de sorpresa que la infanta Pilar, tía de Elena, preguntada por los periodistas, respondió: «Me he enterado tarde y mal. A las viejas tías no se nos cuentan esas cosas.» Y la infanta Margarita, igualmente tía de la infanta Elena, contestó a los periodistas: «Me he enterado por la radio y también por la televisión.»

¡Y por fin se nos casa!

Al final se consiguió. Parecía que no había otra obsesión, sobre todo por parte de la llamada prensa de evasión, que casar a las infantas. Rara era la semana que no se les atribuía un romance. Pero la elegida para estas especulaciones, ignoro por qué, siempre era la infanta Elena. Independiente de todo lo que se escribía del príncipe Felipe. La insistencia era tan grande que, en cierta ocasión, la infanta Elena llegó a pedir que no le atribuyeran un romance con cada joven con quien ella aparecía. ¿Que tenía amigos y admiradores? Por supuesto que los tenía.

Se escribieron tantas tonterías a lo largo de estos años que esa prensa «especializada» pedía, *exigía* a la Casa Real, el anuncio oficial de un noviazgo, ignorando que las casas reales de toda Europa no anuncian noviazgos sino compromisos con fecha de boda incluida. Esta norma es fácilmente comprensible, ya que si se anunciaran noviazgos de manera oficial, ¿cómo quedarían dichas casas reales si esos noviazgos anunciados se rompieran, como suele ocurrir en muchas relaciones sentimentales?

Tampoco era necesario, como se publicaba, que primero tuviera que casarse el príncipe Felipe. La decisión de contraer matrimonio solo dependía de estar enamorada y tener con quién.

El feliz anuncio también demostraba que todas las especulaciones sobre si la reina doña Sofía prefería para sus hijas e hijos personas de familias reales carecían de fundamento. En cierta ocasión, la soberana me dijo que lo único que deseaba para sus hijos era que se enamoraran de personas a las que pudieran hacer felices y estas hacerlos felices a ellos. Eso es lo único que deseaba.

«Yo, como madre, quisiera evitar que mis hijos sufrieran, se llevaran desilusiones, tuvieran disgustos, fracasos, chascos, encontrarse con que el mundo no es perfecto y las personas fallan... Me gustaría, claro, que ellos no padecieran nada de eso. Pero es una utopía. La vida tienen que disfrutarla y sufrirla ellos por sí mismos: ¡es su vida! Igual que yo he vivido la mía en primera persona. ¿Casarse con la cabeza? ¿Casarse con el corazón? ¿Y por qué ese dilema? ¡Con la cabeza y con el corazón!»

—¿Y si hay un hijo qué? —preguntaba la periodista Pilar Urbano a la reina Sofía.

—Si hay un hijo que... se quiere casar con quien no le conviene, con quien no debe, haces lo posible por evitarlo. ¿Consejos? ¡Todos los del mundo! Pero, si no hay manera, si no atienden a razones, ¿qué vas a hacer? Acoger a la nuera, o al yerno, en tu familia y a tratar de ayudarles a que el matrimonio funcione. Las bodas pertenecen a las vidas propias de los hijos. Son ellos los que eligen, son ellos los que deciden... Ahí, ni los padres ni nadie podemos forzar. Si entramos, lo estropeamos.

Estas declaraciones las hacía doña Sofía en el año 1996 y fueron publicadas en el libro *La Reina*, de Pilar Urbano, Plaza & Janés, 2003.

¡Qué palabras más premonitorias! Porque años después, en 2003, su muy amadísimo hijo se enamoraba y se casaba con quien quería, aunque no era la persona con quien debía. Y como no atendía razones, acogió a la nuera, y al yerno, en el caso de Elena, y trató de que los matrimonios funcionaran. En el caso de la infanta, como veremos más adelante, no funcionó.

Cuando en España la prensa especializada seguía debatiendo si él era o no era; si había otro o no había ninguno, incluso que podía hablarse de tres y hasta de cuatro nombres más, la Casa Real anunció por sorpresa, el 23 de noviembre, el compromiso oficial del matrimonio, no noviazgo, que ya venía de largo sin que nadie se hubiera enterado. Él era Jaime de Marichalar Sáenz de Tejada.

La noticia sorprendió a las revistas del corazón con las ediciones no solo cerradas sino distribuidas por todo el territorio nacional. Tuvieron que recurrir a números especiales que se pusieron a la venta en Madrid y Barcelona.

En marzo y en... Sevilla

Diez días después, de la misma sorprendente manera y cuando se especulaba si la boda sería en los Jerónimos o en la catedral de la Almudena, pero siempre en Madrid, la Casa Real volvió a asombrar a la opinión pública y a la prensa en general, con sus expertos incluidos, con otro bombazo informativo, celosamente guardado: la boda sería el 18 de marzo y en... Sevilla.

Hay que reconocer que la Zarzuela llevó excepcionalmente bien el tema del matrimonio de la infanta Elena. Sin concesiones a la galería de la prensa del corazón. Sin filtraciones ni discriminatorios tratos de favor. Con una seriedad y discreción dignas de todo elogio. Que el lugar elegido fuera Sevilla, a mí, personalmente, no me extrañaba, aunque tengo que confesar que ni se me había ocurrido. Puede que fuera un homenaje a la abuela paterna, su alteza real la condesa de Barcelona que, aunque nacida en Madrid, en el paseo de la Castellana, siempre se sintió sevillana, porque se crio en Sevilla, al igual que su hermana doña Esperanza.

Madrid se reservaba para el príncipe Felipe, que por ser la boda del futuro rey de España, había que considerarla un acontecimiento de Estado. Y Madrid es su capital.

Este compromiso matrimonial, el de Elena, por muy infanta de España que fuera, no dejaba de ser un acontecimiento familiar, gozoso, noticiable, pero familiar. Sin más connotaciones.

Cuando el 18 de marzo se abría la gran verja dorada del altar mayor de la catedral de Sevilla, cosa que solo ha sucedido en tres ocasiones en los últimos ochenta años, la infanta sería una de las cuatro mujeres que había tenido este privilegio en lo que va de siglo: su tía abuela y hermana de la condesa de Barcelona, doña Esperanza de Orleans-Bragança; Cayetana Fitz James Stuart, decimoctava duquesa de Alba; y Matilde de Solís Baumont, que contrajo matrimonio con el duque de

Huesca, el heredero de la Casa de Alba, el 18 de junio de 1988.

Como dato curioso hay que recordar que incluso para la duquesa de Alba no le fue fácil contraer matrimonio en la catedral de Sevilla, tercer templo del mundo en extensión y donde caben 28.000 personas. Este templo estaba absolutamente vedado a todo el mundo que no fuera de la Familia Real, y vedado estaba que se casaran en el altar mayor de la catedral. Hasta el 12 de octubre de 1947 solo lo había hecho doña Esperanza con don Pedro de Orleans, como jefe de la Casa Real de Brasil. Pero intensas gestiones del cardenal Segura permitieron la boda de la duquesa de Alba en el altar mayor de la catedral.

Setenta y tres royals

¿Quién es él? Cuando el 23 de noviembre se hacía público el anuncio oficial de la infanta Elena con Jaime de Marichalar y Sáenz de Tejada todo el mundo se preguntó lo mismo que aquel día, lejano ya, de un otoño de 1960, cuando Balduino de Bélgica anunció también, de manera oficial, su compromiso matrimonial con una joven española llamada Fabiola de Mora y Aragón ¿Quién es?

Pero el 18 de marzo, víspera de San José, el mundo entero conocía ya todo lo que es dado conocer de quien en la catedral de Sevilla, y a la sombra de la Giralda, se unía en matrimonio con la primera infanta que se casaba en este siglo en España, como ya hemos referido.

Porque sus dos inmediatas antecesoras en el título, Pilar y Margarita, no tuvieron la suerte de la sobrina. Ambas se vieron obligadas, por voluntad de un general, a hacerlo en el exilio. Afortunadamente, las circunstancias familiares y políticas no eran las mismas en la boda de la infanta Elena, que lo hizo como hija de reyes reinantes, al igual que el 14 de mayo de 1962 lo hiciera su madre, la princesa Sofía, hija de los reyes Pablo y Federica de Grecia.

El hecho de serlo convirtió este acontecimiento en una boda real sin serlo: el novio y la novia no eran rey ni reina. Pero por tratarse de hija de reyes reinantes, de soberanos en ejercicio, la boda de la infanta Elena tuvo tratamiento de boda real. Y los invitados lo fueron.

La infanta Elena no estuvo mal acompañada. Yo diría que incluso mejor, en cantidad de testas coronadas, que lo estuvo su madre al casarse. Porque en la catedral de Sevilla se dieron cita un total de setenta y tres miembros de la realeza, entre ellos diez reyes, seis de ellos soberanos jefes de Estado: Beatriz de Holanda, Paola de Bélgica, la gran duquesa Josefina Carlota de Luxemburgo, el príncipe Rainiero de Mónaco, la reina Noor de Jordania y el sultán de Omán. Los otros cuatro restantes lo eran en el exilio, Farah de Irán, Constantino de Grecia, Miguel de Rumanía y Simeón de Bulgaria.

Como se trataba de la boda de una infanta, equivalente en el protocolo real a princesa, los herederos estaban muy representados por Felipe de Bélgica, Alberto de Mónaco, Haakon de Noruega, Guillermo Alejandro de los Países Bajos, Victoria de Suecia, y los herederos de Jordania y Camboya.

El resto, príncipes alemanes, prusianos, franceses e italianos, daneses, griegos y yugoslavos. Mejor plantel no lo tendría ni el príncipe Felipe el día de su boda.

Sería hoy gracioso resaltar la presencia significativa, sobre todo por el gran séquito que le acompañaba, del emir de Kuwait. Posiblemente para demostrar que lo de KIO, que entonces era de escándalo, no podía ni debía enturbiar las relaciones entre las casas reales de España y del golfo Pérsico.

La mejor película de Pilar Miró

De lo que no había la menor duda aquel día es de que la persona más feliz de la jornada era la reina doña Sofía, llena de majestuoso orgullo cuando del brazo de su hijo, el príncipe Felipe, apareció en la puerta del León de los Reales Alcázares.

Si Pilar Miró fue la gran realizadora de la retransmisión por televisión del acontecimiento real, y fue su mejor película, la reina fue la gran organizadora de la boda, como el día de la suya lo fue su madre, la reina Federica. Y lo fue desde la elección del programa musical hasta de la de los adornos florales y las luces que habrían de iluminar la catedral, pasando por la confección de la lista de invitados y la elección del reparto de las habitaciones que en el hotel Alfonso XIII debían ocupar todos y cada uno de los reales asistentes. Pero a la hora señalada en el programa apareció la protagonista, la única de la fiesta, la novia, del brazo de su padre, el rey, quien iba con el uniforme de capitán general y con el toisón de oro que su padre, el gran ausente, le concediera siendo su heredero. En ese momento, el gran secreto, el único que se le permite a una novia, sea o no infanta de España, quedaba desvelado: el vestido.

El novio ya esperaba ante el altar, como han hecho otros novios, aunque algunos, como el rey Balduino, quisieron llevar personalmente a la novia como si ya fuesen marido y mujer. Que lo eran, porque anteriormente se habían celebrado los matrimonios civiles en el palacio real. El rey Carlos Gustavo de Suecia, por su parte, esperó a la novia en la puerta de la catedral. Jaime de Marichalar lo haría en el presbiterio, junto al altar, mirando de reojo el reloj para contar los minutos de retraso, que, para satisfacción de la realizadora de televisión, Pilar Miró, que llevaba todo milimetrado, no fue mucho.

Una vez ante el oficiante, el cardenal arzobispo Carlos Amigo, se dejó oír la primera lectura, la carta del apóstol San Pablo a los Corintios, elegida personalmente por los propios novios.

También fue la elegida para la boda de Felipe y Letizia. Pero después de la lectura tan teatral que hizo Menchu, la abuela de la novia, muy criticada por el excesivo protagonismo «de la voz de la radio», nadie más ha querido elegirla para su boda.

Se trata de un gran texto sobre el amor, y dice así, en síntesis: «El amor es comprensivo, el amor es servicial y no tiene envidia. El amor no presume ni se engríe, no es maleducado ni egoísta, no lleva cuentas del mal ni se alegra de la injusticia, sino que se alegra con la verdad.»

Un mensaje que luego glosaría el arzobispo sevillano con palabras medidas y desprovistas de toda ampulosidad en una homilía perfecta.

Y vino el momento más emotivo de la boda: aquel en que el oficiante pide el consentimiento a los futuros esposos. Jamás se había visto más emocionado a don Juan Carlos que cuando doña Elena se volvió hacia sus conmovidos padres y, antes de responder el «sí», solicitó la venia, como así demanda el protocolo real. Una leve inclinación de cabeza de su majestad dio la autorización para que su muy amadísima hija, la primera que abandonaba el hogar, diera el «sí» y se convirtiera en ese preciso momento en la esposa de Marichalar.

La *Misa de la Coronación* de Mozart subrayó la alegría y la solemnidad en toda la catedral sevillana. Elena de Borbón y Jaime de Marichalar eran marido y mujer. ¿Hasta que la muerte los separara? Eso estaría por ver.

¿Qué fue de Mendelssohn y de su marcha?

En muchos matrimonios la *Marcha nupcial* de Mendelssohn estará siempre unida al recuerdo del día de la boda. Para algunos, posiblemente será el único recuerdo bueno. Es el caso del príncipe Carlos de Inglaterra que, ya que no se casaba por amor ni por razones de Estado y, por tanto, el fracaso tarde o temprano estaba cantado, dijo: «Deseo que esta boda se recuerde al menos por la música que allí se oyó.» Es que el príncipe de Gales, heredero de su graciosa madre, ha sido uno de los muchos protagonistas de bodas reales que, por ser grandes melómanos, se preocuparon directa y personalmente del programa musical de la ceremonia. Y era tal su pasión por la música que el escenario de la ceremonia fue elegido en función de las condiciones acústicas que reunía. Exclusivamente por eso.

Los que tuvimos oportunidad de estar presentes en la catedral de San Pablo, en la boda del príncipe Carlos y la princesa Diana, difícilmente olvidaremos el aria «Let the Brigth Seraphim», del oratorio *Samson* de Haendel, interpretada por la famosa soprano Kiri Te Kanawa, lo mejor de Bach, y *Pompa y circunstancia*, de Elgar.

El rey Federico de Dinamarca, también gran melómano, eligió para la boda de su hija, la hoy reina Margarita, con el conde francés Henri de Monpezat, *La polonesa*, de Johan Svendsen; el vals *Flores de primavera*, de Strauss; el *Fausto*, de Gounod, y el *Lohengrin*, de Wagner.

La reina Sofía quiso que en la catedral de Sevilla se oyera la misma música que en su boda, celebrada en Atenas el 14 de mayo de 1962. En ninguna de las cincuenta bodas a las que este periodista ha asistido se ha oído jamás la *Marcha nupcial* de Mendelssohn. Desde entonces en adelante, las novias españolas preferían entrar en el templo a los acordes de la *Misa de la Coronación*, de Mozart.

Principio del fin

Jaime de Marichalar era un chico estupendo. La suya, una biografía inmaculada. Limpia de escándalos y vacía de noviazgos. Una biografía tranquilizadora para la Familia Real.

Cuarto de una familia de seis hermanos entroncada con la más rancia aristocracia de Castilla, hijo de padre militar fallecido en 1979 y madre de misa diaria, nieto del vizconde de Eza, que fue ministro del Ejército y Marina con Alfonso XIII y alcalde de Madrid. Mejor familia, imposible. Además era, cuando se casó, presunto heredero de la supuesta fortuna de una tía paterna suya quien al fallecer le dejó unos mil millones de pesetas de la época.

Nadie dudó nunca que lo de Elena y Jaime fuera un matrimonio por amor. El rey lo consideró siempre un tipo «serio» pero simpático, «aunque muy esnob». En el dedo meñique de su mano derecha llevaba siempre el sello de oro de la familia. Todo iba bien, muy bien, entre Jaime y Elena, cuyo amor se vio reconfortado con la llegada de dos hijos, Juan Froilán el 17 de julio de 1998 y Victoria Federica el 2 de septiembre de 2000.

El 22 de diciembre de 2001, Jaime de Marichalar ingresaba en estado grave en el Hospital Gregorio Marañón de Madrid aquejado de una isquemia cerebral, equivalente a un infarto en la masa encefálica. Este tipo de lesión corría el riesgo de desembocar en una hemiplejia con parálisis de una parte de su cuerpo. El tema era más que preocupante.

Cuando se produjo el ictus, el duque de Lugo, título que su majestad el rey le había concedido a su hija la infanta Elena, estaba practicando con la bicicleta estática. Dos días antes había celebrado el cuarenta y cuatro cumpleaños de su esposa, quien al llegar al hospital se encontró a Jaime ingresado en la Unidad de Cuidados Intensivos, intubado, conectado a ventilación mecánica y bajo los efectos de una sedación profunda. Por supuesto, el lado izquierdo de su cuerpo había quedado inmovilizado, paralizado.

Las consecuencias en las primeras setenta y dos horas eran imprevisibles. Podía suceder cualquier cosa. Hasta morir. Durante varios días, la infanta no abandonó el hospital ni de noche ni de día. Llegó a cubrir el cristal de la UVI de fotografías de sus hijos para que cuando se despertara su marido fuera lo primero que viera.

Con tan dramático motivo, Francisco Umbral publicaba en *El Mundo* una de sus más emotivas columnas titulada «Una infanta». Decía así:

> Mientras la Familia Real se reunía casi completa para la cena de Navidad, la infanta Elena permanecía a solas con su medio ser, con el medio ser que era en aquellos momentos su hombre, cenando o ayunando con el rigor y la bravura callada que han tenido siempre los mejores de los Borbones.
>
> Uno piensa que la infanta Elena es de la mejor raza de esa raza real, liberal y popular, como una isabelona vestida por Roberto Verino. Lo mismo puede esperarse de ella una pamela galáctica de París que esta cena samaritana y solitaria a los pies del marido ausente y presentísimo. Ahora es cuando de verdad se casa con sentimiento y dolor con Jaime de Marichalar, mucho más que en la trianera boda de Sevilla.
>
> En arranques así vamos conociendo a esas personas inevitablemente herméticas que son las personas reales. No quiero darle ningún valor político a esta columna, pero le doy el valor sentimental y de una mujer que supo estar en su sitio como otra supo regentarnos, o lo intentó, como la madre del rey Juan Carlos supo reorientar un día a la familia hacia el trono de España. Elena es una mujer con mucho pueblo dentro, estas cosas, a través del tiempo, las aprende la realeza del pueblo y no el pueblo de la realeza.

La infanta sola y solitaria, la infanta que llora de alegría o del rayo pero que también decide pronto, con ademán de madre terrible, es como aquellas madres del pueblo tristes paridoras que cantaba la poetisa Ángela Figueras.

Desde que la conocí en palacio era ya entrometidilla hasta sus arranques gráciles y populares en la boda de Sevilla, hemos ido obteniendo una imagen de castiza pasada por París, de reina en segundo grado, hacia la realeza que tiene gracia y violencia para tomar decisiones como esa de pasar unas noches míticas al costado pétreo de su hombre, cuando él era más sepultura que cadáver, como un soldado romano. Lo recordaba Ortega, o sea esta lápida que le hemos puesto mentalmente a la moza. «Cuidó su casa e hiló.» Este laconismo castellano, ascendido al laconismo del latín, nos da toda la sobriedad de una infanta del Cid, una española como las mejores, mujer ventanera y mujer llorandera.

Lo más hermoso, sencillo y patético que ha pasado estas navidades, es el pirograbado de un hombre de ocasiones borbónicas y una Borbón de emociones únicas. Ya digo que lo hubiera hecho cualquier mujer del pueblo, pero está bien que lo haya hecho esta niña fea y graciosa y no por ningún gesto político sino por un gesto erótico en lo más aislado y sufridero del erotismo junto a un cuerpo de mármol. Hay que ver estas cosas un poco de lejos, desde un lejos un poco republicano, para valorar sociológicamente la noche de esta pareja feliz, cuando los pantalones de flores y la minifalda de Massimo Dutti. Si la cosa pasa, no ha estado mal la prueba por la que acaba pasando todo matrimonio, ahora que no creemos en eso. Fueron felices en huecograbado, tuvieron hijos y se inmiscuyeron entre los españoles más festivos. Hoy son el Doncel de Sigüenza en vivo y la amante de Teruel en llamas.

Se disparan las alarmas

Jaime salió de estas aunque con una serie de flecos que le amargaron la vida. Entre ellos la incapacidad de mover la mano izquierda y una visible cojera. En él, tan enamorado de sí mismo para vestir como un dandy, aquello le supuso un mal trago. Y comenzó su calvario. Tuvo que aprender a respirar, a caminar, a vivir con ayuda. Y comenzaron los problemas matrimoniales. Se volvió violento, agresivo y permanentemente deprimido. Le costaba aceptar que el proceso de rehabilitación sería largo, muy largo.

El hogar Marichalar dejó de ser el hogar feliz que había sido hasta entonces. Suele suceder cuando uno de los miembros de la pareja ha sufrido un ictus. Le cuesta aceptar las secuelas. Y no le vale que le expliquen que es lo menos que podría sucederle después de haber estado a punto de morir. En el círculo de allegados a los duques de Lugo se dispararon las alarmas. Jaime, para intentar superar su situación, comenzó un frenético ritmo de vida social en muchas ocasiones, o casi siempre, sin la compañía de su esposa, descuidando la rehabilitación.

El antes discretísimo Jaime, quien se esmeraba en desempeñar impecablemente su papel de consorte, aparecía ahora escoltado por una peculiar corte de incondicionales amigos, nada que ver con la infanta capaz de hacerle recapacitar por su bien y el de su familia. En mayo de 2002, año y medio después del ictus, Jaime padeció otro problema vascular cuando viajaba en avión a París.

Su esposa tardó horas en acudir a la clínica. Los reyes ya no lo hicieron.

La estancia en Nueva York puede que sirviera para completar su rehabilitación, pero Jaime comenzó a sufrir signos de tristeza y depresión que le fueron alejando de la infanta y de la Familia Real. Se volvió un personaje extravagante que se paseaba en patín por la calle de Serrano y un comprador compulsivo en los exclusivos establecimientos de la calle Ortega y Gasset, la milla de oro de lujo de Madrid. Así hasta que...

En martes y 13

Aunque la Casa Real ni emitió comunicado alguno ni informó sobre el asunto, sí reconoció el 13 de noviembre de 2007 que los duques de Lugo habían decidido separarse temporalmente, sin duda el primer paso para el divorcio. Como escribiría la columnista del periódico *El Mundo* Carmen Rigalt, lo de temporal no colaba.

En esto, la infanta Elena, cuarta en el orden de sucesión al trono entonces, y Jaime de Marichalar siguieron el mismo procedimiento que en su día tomaron el príncipe Carlos y Diana, así como su hermano, el príncipe Andrés y Sarah Ferguson.

La noticia sorprendió solo a medias, ya que venía siendo motivo de especulación desde el 3 de septiembre, cuando María Teresa Campos, en su primer día en Punto Radio, le comunicó a este autor, por sorpresa, que había ganado la apuesta hecha hacía tiempo sobre un divorcio que, según ella, ocuparía las primeras páginas de periódicos e informativos de televisión. Sus razones y sus fuentes le merecían tal credibilidad que se atrevió a informar que esta operación se produciría antes de fin de año.

Aunque la Campos no aventuró ese día ningún nombre, toda la prensa intuyó que hablaba, sin hablar, de la infanta.

La periodista Carmen Rigalt escribió en *El Mundo* que todo venía de atrás, que los más observadores habían disparado las alarmas al detectar cierta ligereza en los estilismos de la infanta. Mal asunto, escribía la columnista. Elena aparecía cada vez más sola y enfurruñada, contestona, como plantando cara a los *paparazzi*, con ademanes impropios de una infanta de España. En cuanto a Jaime, que se había estrenado en el matrimonio vistiendo a su esposa como si fuera una Nancy de tamaño natural, también sucumbió al hastío. Se acabaron las pamelas galácticas, los modelazos que quitaban el hipo, los taconazos imposibles y el glamur auténticamente francés.

Fue en el programa *Está pasando* de Telecinco, en el que este autor colaboraba, donde sus presentadores Emilio y Lucía se atrevieron a poner nombres y apellidos a la noticia facilitada por la casa. Fue en el mes de noviembre cuando la Zarzuela reconocía «el cese temporal de la convivencia del matrimonio de Elena y Jaime de Marichalar». Uno no podía por menos que preguntarse por qué se había elegido precisamente ese día: con el país entusiasmado por el gesto del rey en la cumbre de Chile frente a Chávez, la reina convaleciente de una gastroenteritis y el príncipe Felipe y su consorte de viaje oficial a China. Además, en un martes y 13. A este periodista, escritor, le constaba, por fuentes de toda credibilidad, que el rey había hecho todo lo posible y que había luchado por evitar la separación. Reconoció a un matrimonio amigo de Barcelona, y según contaba la periodista Pilar Eyre, estar «muy dolido y afectado por el problema de mi hija Elena, aunque como padre me importa ante todo su felicidad», dijo. A juicio de los depositarios de tal confidencia, don Juan Carlos intentaba que el anuncio de la separación se produjera después de Reyes, posiblemente por aquello de pasar la Navidad en paz.

¿Qué había sucedido para que todo se precipitara?

Solo se sabía que la infanta Elena había abandonado el domicilio conyugal para trasladarse a un piso, en la misma zona, en el barrio madrileño de Salamanca.

En el edificio de tres plantas, recientemente construido y habitado y en el que hasta ese día residía el matrimonio, Jaime de Marichalar estaba solo. En espera, posiblemente, de que en un futuro próximo esta separación se legalizara con un divorcio, como así fue.

Desde que lo hiciera la infanta Eulalia, hija de Isabel II, y posteriormente el príncipe de Asturias, un divorcio nunca se había producido en la Casa Real. Aunque lo de divorcio ya no escandalizaba a nadie. Sobre todo desde que el príncipe Felipe contrajo matrimonio con una mujer divorciada.

Cierto es que esta noticia no era un plato de gusto para la Casa Real, que siempre ha intentado que los problemas familiares se mantengan en el ámbito más privado. Tal es así que el departamento de Prensa desconocía lo de la separación de la infanta, por lo que no se había emitido *sms* alguno, habitual en los recientes acontecimientos de la Familia Real.

La separación de la infanta Elena y Jaime de Marichalar se producía a los doce años de un matrimonio que no siempre fue feliz. Aunque nadie duda de que fue un matrimonio por amor. Por otro lado, antes de que se produjera la tragedia del ictus cerebral de Jaime de Marichalar, la pareja ya había superado más de una crisis sentimental.

Hacía años que se venía especulando sobre el futuro del matrimonio. Aunque vivían bajo el mismo techo, no compartían ni aficiones ni amistades. Y, a lo peor, ni el mismo lecho.

Pocas eran las ocasiones, por no decir ninguna, en la que la infanta acompañaba a su esposo en sus viajes a París, y en otras actividades lúdicas propias de su ocupación como consejero del Grupo Louis Vuitton.

Con la puerta en las narices

Ya se sabe que cuando una pareja no comparte los mismos gustos acaba por no compartir el lecho conyugal.

Cierto es que no existen separaciones y divorcios de «mutuo acuerdo», se trata de una frase de cortesía. Siempre hay un perdedor. En este caso fue Jaime de Marichalar.

Gran impacto causó la portada y el reportaje, en la revista *Hola* del 5 de diciembre de 2007 en el que aparecía Elena con el rostro demudado por la tristeza y la violenta situación impidiendo a Jaime la entrada en casa cuando este se personaba llevando a sus hijos al nuevo domicilio de la infanta.

Mientras el duque de Lugo intentaba hacerle entrega de una carta que llevaba en la mano, doña Elena mantenía la distancia en el mismo umbral de la puerta semicerrada. Las fotografías daban a entender que él deseaba convencer a su esposa. ¿Para volver? ¿Para pedirle perdón?

De lo que no había duda es de que se mostraba humildemente arrepentido, sin importarle humillarse ante la prensa que era testigo de la ocasión. Pero no tuvo éxito. Ni le permitió la entrada y, lo que es peor, rechazó la carta.

No se habían visto imágenes más dramáticas de una separación. El divorcio estaba cantado.

El 25 de noviembre de 2009 y ante sus abogados, Jesús Sánchez Lombás por parte de la infanta Elena, y doña Cristina Peña por parte de Jaime de Marichalar, el todavía matrimonio firmaba el convenio regulador de su separación. Y el 21 de enero el divorcio quedaba inscrito en el Registro Civil de la Familia Real.

5

LOS DIVORCIOS EN LA CORTE DE SU GRACIOSA MAJESTAD BRITÁNICA

ANNUS HORRIBILIS Y PRECEDENTES

Según este autor y según la opinión pública, en las últimas décadas las separaciones, escándalos y divorcios se han cebado, sobre todo, en la Familia Real británica. Y en su mayoría en 1992, aquel año horrible, como lo calificó la propia reina Isabel: «No puedo decir que este vaya a ser un año que recuerde con placer, más bien podría hablar de un *annus horribilis.*» Resulta increíble que en el maldito 1992 pudieran suceder tantas tragedias familiares y la reina soportarlas y superarlas. Posiblemente, porque al igual que Balzac, pensaba que «la tragedia no me matará; seré yo quien le retuerza el pescuezo». Aunque afortunadamente no hubo ni sangre ni muerte (eso sucedería el 31 de agosto de 1997 con la muerte de lady Di), en 1992 sucedió lo suficiente para que la imagen de la reina se viera envuelta en esa tristeza majestuosa que constituye todo el placer de la tragedia: 29 de marzo, divorcio de su hijo, el príncipe Andrés y Sarah Ferguson; 14 de junio, divorcio de su hija Ana y Mark Phillips; 9 de diciembre, el primer ministro John Major anunciaba oficialmente la separación de Carlos y Diana. Y, como dramático cierre del año, el incendio del castillo de Windsor, el preferido de la reina, al que considera «mi hogar», mientras su esposo el príncipe Felipe se encontraba encamado en Argentina con la madre de Sarah Ferguson, a quien había acompañado en una visita para el World Wild Life Fund.

Dos veces divorciada

El día 11 de diciembre de 1936, Eduardo VIII de Inglaterra se dirigía al país del que era rey desde hacía un año con el siguiente mensaje que Churchill le había ayudado a escribir:

> Por fin soy capaz de decir unas pocas palabras mías. Yo nunca quise ocultar nada, pero hasta ahora no ha sido constitucionalmente posible que yo me expresara.
>
> Hace pocas horas que he cumplido mi último deber como rey y emperador, y ahora que he sido sucedido por mi hermano, el duque de York, mis primeras palabras deben ser para hacer pública mi lealtad hacia él. Esto lo hago de todo corazón.
>
> Todos vosotros sabéis las razones que me han obligado a renunciar al trono. Pero quiero que

comprendáis que, al tomar una decisión, no olvidé ni a mi patria ni al imperio, a los cuales, como príncipe de Gales y últimamente como rey, he procurado servir a lo largo de veinticinco años. Pero debéis creerme cuando os digo que me resulta imposible soportar la pesada carga de la responsabilidad y desempeñar mis deberes como rey, como me habría gustado hacer, sin la ayuda y el soporte de la mujer que amo.

Quiero que sepáis que la decisión que he tomado es mía y solo mía. Este era un problema que debía juzgar totalmente por mí mismo. La otra persona más involucrada ha intentado persuadirme por todos los medios para que adoptase una decisión distinta. Yo he tomado esta, la más seria decisión de mi vida, basada en un solo pensamiento, en lo que pudiese ser, a la postre, lo mejor para todos.

Esa decisión fue menos difícil para mí por el seguro conocimiento de que mi hermano, con su largo entrenamiento en asuntos públicos de este país y con sus grandes cualidades, será capaz de ocupar mi lugar inmediatamente sin interrupción o daño para la vida y el progreso del imperio. Él posee una bendición de la que disfrutáis muchos de vosotros y no concedida a mí: un hogar feliz con su esposa e hijos.

Durante estos días difíciles he recibido el consuelo de mi madre y mi familia. Los ministros de la corona y en particular del señor Baldwin, el primer ministro. Siempre me han tratado con toda consideración. Nunca hubo ninguna disputa constitucional entre ellos y yo, ni entre el Parlamento y yo. Educado por mi padre en la tradición del respeto a la Constitución, yo nunca habría permitido que tal eventualidad pudiera surgir.

Ya cuando era príncipe de Gales y más tarde cuando ocupé el trono, siempre he sido tratado con la mayor amabilidad por todas las clases sociales, a lo largo y ancho de todo el imperio. Por ello estoy muy agradecido.

Ahora renuncio a todos los asuntos públicos, deposito mi carga. Puede que pase algún tiempo antes de que regrese a mi patria, pero siempre seguiré la suerte de la raza británica y del imperio con profundo interés, y si en alguna ocasión, en el futuro, puede considerarse que soy de utilidad para Su Majestad desde mi situación privada, estaré a su disposición. Y ahora todos tenemos un nuevo rey. Le deseo de todo corazón a él y a todos vosotros, su pueblo, felicidad y prosperidad.

Que Dios os bendiga. Dios salve al rey.

El día anterior, 10 de diciembre, el rey, tras reinar durante 325 días, había firmado la abdicación junto con sus tres hermanos, que actuaron como testigos.

«Renunciar a tanto por tan poco», fue el cruel comentario de su madre, la reina madre.

Como consecuencia de ello, su hermano, el tímido, enfermizo y tartamudo duque de York, se convertía en el rey Jorge VI.

Era la primera vez en la historia de la monarquía que sucedía algo así y la primera que el divorcio impedía a un soberano seguir reinando.

La farisaica moral victoriana permitía que su majestad pudiera tener amantes, pero no contraer matrimonio con mujer divorciada.

El primer ministro, el señor Baldwin, consciente de no tener bases legales para ordenar al rey que no se casara, lo único que pudo hacer fue explicarle los problemas existentes y sugerirle, de una forma subliminal, que podía continuar como estaba. O en todo caso se sugirió al rey un matrimonio morganático. Según ello, Wallis Simpson, aunque se casara, nunca sería reina, y los hijos nacidos de tal matrimonio no tendrían ningún derecho al trono. No quedaba más solución que aplicarla.

Una divorciada en la corte

La primera vez que se habló en Inglaterra y en la corte real de la divorciada señora Wallis Simpson fue en el otoño de 1936. Su nombre figuraba entre los invitados de Fort Belvedere, la casa de campo del nuevo rey Eduardo VIII.

Marion Crawford, durante diecisiete años institutriz de la actual reina Isabel de Inglaterra y de su hermana, la fallecida Margarita, recuerda en su delicioso librito *Las princesas de Inglaterra* (Editorial Juventud, 1956) que un día el rey llegó de improviso a la finca en la que su hermano, el duque de York, pasaba los fines de semana. Pero no lo hizo solo, sino acompañado de algunas personas, entre ellas la señora Simpson.

Marion la describe como «una mujer elegante y atractiva, ya madura pero con esa inmediata afabilidad que tienen las mujeres norteamericanas. No parecía cohibida lo más mínimo. Si acaso era demasiado desahogada. Tenía una manera propia y peculiar de hablarle al nuevo rey».

Como el ambiente no era el más apropiado para unas niñas, la duquesa de York, la cuñada del rey y madre de Isabel y Margarita, pidió a la señora Crawford que llevara a sus hijas a dar un paseo.

Un rígido nivel de moral y de conducta era de rigor en los círculos de la corte. Ninguna persona divorciada tenía entrada en los salones de palacio, y si hubiera sido presentada anteriormente a su divorcio su nombre se borraba de la lista de invitados de la Casa Real.

A las niñas, que suelen ser muy intuitivas y curiosas cuando no muy inteligentes, debió de extrañarles aquella orden de mamá, porque en un momento dado del paseo Isabel le preguntó a su institutriz:

—¿Quién es esa?

Marion Crawford recuerda que le explicó que el tío David (que así era llamado el rey en familia) se había enamorado de alguien a quien Inglaterra no podía aceptar como reina porque había estado casada antes por dos veces y su primer marido todavía vivía.

La madre de la actual reina no sentía ninguna simpatía por su cuñado el rey. Al parecer había estado enamorada de él antes de casarse con su hermano. Pero según confesó años después el duque de Windsor, nunca le perdonó que no le correspondiera.

Por ello, la presencia del rey acompañado por la mujer de la que había logrado enamorarse hasta la locura, le desagradó profundamente. Y semanas después se vengó, impidiendo a sus hijas Isabel y Margarita que aceptaran una invitación del rey a su villa de Fort Belvedere.

«Fue bastante difícil explicarles por qué no debían ir. Las dos comprendieron que sucedía algo anormal pero no sabían en qué consistía. Las conversaciones se interrumpían cuando ellas entraban en el salón donde todos hablaban.»

El problema se agravaba cuando las princesitas y su institutriz salían de paseo a pie o en coche. Porque todo Londres estaba cubierta de carteles. Unos decían: «Señora Simpson» en grandes letras. Otros «El rey y la señora Simpson». O «Majestad, no os vayáis»...

«Al verlos, las niñas me preguntaban, y había que darles una explicación u otra», dijo la señora Crawford.

¿Quién era ella?

En 1914 Wallis Warfield era ya una rompecorazones en Baltimore, la ciudad norteamericana donde había nacido. En 1916 Wallis se casó, por primera vez, con Winfield Spencel, un oficial de la marina, bebedor empedernido. El alcohol arruinaría el matrimonio, aunque Wallis hizo lo imposible para que dejara la bebida. Acabó divorciándose en 1927.

Su segundo esposo, Ernest Simpson, que trabajaba en la compañía marítima de su familia en Londres, le dio la vida familiar estable que ella había perdido tras su primer matrimonio.

El 10 de enero de 1931, una amiga de Wallis, la vizcondesa Thelma Furness, ofreció una fiesta en su casa de campo en honor del príncipe de Gales, de quien era amiga. Wallis y su marido fueron invitados en el último minuto porque otros habían fallado. Ella recordaba el encuentro con el futuro rey así: «Pensé lo mucho que se parecía a sus fotografías: el cabello dorado ligeramente despeinado por el viento, la nariz respingona y una extraña melancolía y tristeza en la mirada.»

En enero de 1932, el matrimonio Simpson recibió una invitación para un fin de semana en Fort Belvedere. Después de este segundo encuentro le confesaría a su amiga Thelma: «Creo que le gusto.»

Desde aquel día, varias fueron las visitas que los Simpson hicieron a la casa de campo del príncipe de Gales. Algunas, solamente ella.

Se desconoce la fecha en la que el príncipe de Gales decidió casarse con Wallis. Se cree que en 1934. Lo sorprendente es que fue el propio David quien pidió a Simpson que aceptara que Wallis se divorciara de él. «¿Cómo discutes con un rey y te enfrentas a su poder de persuasión?»

Duquesa pero no alteza real

Después del dramático mensaje, dramático e irresponsable, de Eduardo VIII, anteponiendo sus sentimientos a su obligación y cargando sobre los hombros de su hermano tartamudo, tímido y enfermo la responsabilidad de reinar, no esperó ni veinticuatro horas para abandonar el país... para siempre. Lo hizo a bordo del *HMS Fury*. Mientras atravesaba el canal de la Mancha en dirección a Francia, el nuevo rey Jorge VI le concedía el título de duque de Windsor con el que «reinaría» en el exilio hasta su muerte.

«Una vida de rey sin reino», expresaría Wallis Simpson. El deseo del duque era reunirse inmediatamente con la mujer por la que había renunciado al trono y a seguir viviendo en su país. Pero los abogados de la corte, con el fin de preservar el prestigio del ex soberano del Reino Unido, le aconsejaron que se mantuviera alejado de Wallis, sin convivir, hasta que la todavía señora Simpson recibiera la concesión del divorcio.

Como resultado de esta petición, ella permaneció

en Cannes, en la villa de unos amigos, los Rogers; él en Austria, en el castillo del barón y de la baronesa Eugene Rothschild. Independientemente del título, el nuevo rey concedió a su hermano una espléndida asignación que le permitiría continuar con el decoro que se merecía, y vivir... como un rey.

Mientras permanecían separados, el duque y su amante se mantenían en contacto por medio del teléfono y de apasionadas cartas en las que él le transmitía la amargura de verse privado del dinero procedente de las propiedades familiares que solo el rey podía recibir, ya que pertenecían al patrimonio real.

Pero la mayor humillación para Wallis estaba aún por llegar. No porque fuera una mujer dos veces divorciada, sino porque la reina consorte Isabel, que la odiaba por haber enamorado a su cuñado obligándolo a perder la dignidad real y el sentido de responsabilidad de Estado, y porque, según el duque de Windsor, siempre estuvo enamorada de él, decidió vengarse de ambos.

Según el biógrafo Michael Thornton: «Quería verlos en el exilio despojados de toda distinción.» Para ello escribió una carta al secretario de Estado para las colonias (el duque de Windsor había sido nombrado gobernador de las Bahamas) diciendo que nombrar a Wallis duquesa de Windsor, una mujer dos veces divorciada, supondría un enorme desprestigio para la monarquía. Por ese motivo exigía «que la señora Simpson, "esa mujer", no fuera objeto de tratamiento alguno ni se dirigieran a ella como Alteza Real».

La víspera de la boda se intentó convencer al duque desde palacio para que no forzara la situación «porque con ello precipitaría una crisis en el imperio y, peor aún para él, haría resurgir detalles desagradables del pasado de la señora Simpson».

Pero el duque ordenó a todo el mundo que cuando se dirigieran a su esposa lo hicieran con el título de... «Alteza Real».

Como tal alteza contrajo matrimonio civil ante el alcalde de Mont. Tras esta ceremonia, el reverendo Robert Anderpon Jardice, vicario de Darlington, desobedeció las órdenes del obispo e impartió, a los novios, la bendición religiosa.

A pesar de las peticiones del duque, ningún miembro de la Familia Real asistió a la boda y el matrimonio no sería reconocido oficialmente.

El duque de Windsor acusó siempre a su madre y a su cuñada, la reina consorte, de haber obligado a su marido, el tartamudo y tímido rey, a mantener esa posición tan exigente y dolorosa para ambos.

TONY Y MARGARITA

Era pequeña, dulce y romántica. La más bonita de las princesas británicas. Su hermana, la reina, soñaba con casarla con algún príncipe o rey europeo. Pero ella, Margarita, al igual que hiciera muchos años antes su tío Eduardo, prefirió desatar las iras de la corte de su graciosa majestad para casarse con el hombre que amaba por encima de todas las cosas.

Por su contenido novelesco y romántico, fue el romance casi del siglo. Jamás se había escrito tanto de una boda boicoteada por la mayoría de las cortes europeas por la única razón de que el novio procedía del pueblo sencillo y soberano. Simplemente se trataba de un plebeyo.

Pasaron los años... Aquella princesa, que luchó tan valiente y desesperadamente por unirse a un joven a quien todos llamaban Tony el fotógrafo, llegó a convertirse en una mujer divorciada, envejecida, amargada y solitaria hasta la muerte que buscaba la juventud y la felicidad perdida costara lo que costara y fuera con quien fuere.

Para aquel hombre, que con su boda con la hermana de la reina de Inglaterra recibió el título de lord y de conde, todo acabó siendo como un sueño, o tal vez como una pesadilla. En el mejor de los casos un vulgar apunte de una vida en común que terminó en la tragedia de la separación, del divorcio. Como si no hubiera existido nada, cuando hubo tanto.

Durante el noviazgo de la princesa Margarita de Inglaterra, la reina Isabel estuvo más preocupada en actuar como soberana defendiendo el prestigio de la corona, que como hermana de una joven que hacía ya bastantes años que había cumplido la mayoría de edad. La actuación de su graciosa majestad fue, en este caso, más que preocupación familiar, un trascendental asunto de Estado.

Sucedió un día de noviembre de 1959. Aquella mañana, como de costumbre, abrió un sobre lacrado que su secretaria había dejado en su escritorio. Pero en lugar de leerlo, con ese rostro impasible que todo el mundo conoce tan bien, lo releyó varias veces con gesto crispado, poniéndose cada vez más nerviosa y sin intentar disimular su indignación.

Lo primero que hizo fue llamar a su madre, luego telefoneó ella misma al príncipe Felipe, su esposo.

¿Qué contenía esa carta de apenas quince líneas escritas a máquina que tanto le disgustaba? El texto era el siguiente:

> Su Alteza Real la princesa Margarita Rosa ha salido cuatro veces esta semana con un tal míster Anthony Armstrong-Jones, artista fotógrafo, que vive en Pimlico Road, 20. Igualmente esta semana ha visitado de tarde el piso de Pimlico Road donde solo se encontraba, además de ella, el señor Jones. El jueves, al abandonar la casa, ambos se dirigieron a Rotherhithe. Según cierta conversación escuchada por el señor H (un amigo del señor Armstrong Jones) Su Alteza Real la princesa Margarita proyectaría casarse, en un futuro próximo, con el señor Jones, proyecto que este juzga irrealizable.

Así estalló «el caso Tony» que, por un momento, hizo temer que quebrantaría la corona británica más que «el caso Townsend». En verdad se trataba de un fotógrafo de *starlets* de 15 peniques la fotografía, bohemio, que arrastraba una pierna como consecuencia de una polio, e hijo de divorciados.

Aquella guerra de desgaste entre la reina y su hermana, una guerra fría o guerra sin más, duró cien días, porque el 25 de febrero de 1960, tres meses más tarde, un comunicado oficial del palacio anunciaba el noviazgo oficial de la princesa Margarita con Tony Armstrong-Jones. Y también la boda.

Hasta llegar a este comunicado, el enfrentamiento entre la reina y su hermana fue terrible. Desde que la reina tuvo la noticia se posicionó violentamente en contra. El príncipe Felipe, su esposo, también lo estaba, pero mantenía una actitud más flexible y diplomática, y la reina madre perpleja e indecisa.

Había tres puntos por los que la reina estaba en contra:

1. Los orígenes plebeyos de Tony.
2. Su profesión: la reina de Inglaterra no podía tener por cuñado a un fotógrafo de *starlets* y que se pasaba la vida en los platós de los rodajes de películas.
3. La situación de los padres de Tony Armstrong-Jones, varias veces divorciados.

Margarita, por su parte, declaró que se casaría con Tony con la autorización de su hermana o sin ella. Y puesto que la reina estaba ya al corriente, exigía una respuesta rápida, casi inmediata.

La reina hizo una primera concesión: se avino a entrevistarse con Tony no oficialmente sino ocasionalmente, como aspirante a la mano de su hermana, en una pequeña velada en casa de la reina madre.

La reina lo encontró banal y bastante vulgar. Como consecuencia de ello, permaneció en sus trece: Tony no era un marido posible para su hermana, tal vez «dañaría gravemente el prestigio de la monarquía». Cómo han cambiado las cosas en las casas reales: hoy un heredero se casa con una divorciada y al parecer no pasa nada.

La reina dio como último argumento el que había esgrimido ya en el caso de Peter Townsend, que si el pobre papá, Jorge VI, viviera, se moriría de pena y de vergüenza.

Margarita, desde hacía algunos años, exactamente desde la oposición de su hermana a que se casara con el coronel Peter Townsend, atravesaba una crisis religiosa, y llegó al extremo de decir que si la reina no la dejaba casarse con Armstrong-Jones se convertiría al catolicismo y se refugiaría en un convento. De novela.

La reina, temiendo que su hermana hiciera un disparate, decidió buscar una solución. Harta de la guerra fría que lidiaba contra su hermana, se sentía desesperada, y deseaba acabar de una vez. Días después, exactamente el 25 de febrero, la BBC radio y televisión difundían la «bomba» que en pocos segundos convirtió al insignificante fotógrafo en una figura nacional de la que no se cesaba de hablar.

A consecuencia de ello se dieron dos versiones para justificar la boda, una boda que muchos no entendían:

1. Se pensó que casándose con Tony, Margarita tomaba su revancha por todos los sufrimientos que le habían impuesto hasta entonces aquella corte orgullosa de sus prejuicios, impidiéndole casarse con el coronel Townsend.
2. De alguna forma, era una censura a su familia, a la reina, y al arzobispo de Canterbury, que tan ferozmente se había opuesto a la boda con el famoso coronel de la RAF. Margarita se casaba por despecho y por cabezonería.

La familia del novio

Tony era hijo de un abogado, Ronald Armstrong-Jones, y de Anne Mersel, una mujer encantadora a la que el niño adoraba. Había nacido en el mes de marzo de 1930, después de que sus padres llevaran cinco años casados. Tenía una hermana mayor, Susan. Pero poco después los padres se divorciaron. En 1936, cuando Tony solo tenía 6 años, su padre se volvió a casar con la actriz australiana Carol Coombe, que fue para Tony una amiga y una compañera de juegos más que una madrastra. A los 15 años Tony tuvo la polio, y Carol lo cuidó como una madre. Volvió a enseñarle a andar y a bailar. Este segundo matrimonio de su padre con Carol duró veinte años. Una vez separada del padre de Tony se volvió a casar con Beppe López, un español nacionalizado en Italia. Tony, por su parte, continuaba viendo a su madre Anne, la cual se había casado también con el conde Rosse. Una bella pareja, pues lady Rosse había sido en los años 30 «la mujer más bella de *My Fair*», y lord Rosse llevaba el título de «Adonis de la nobleza».

Bastó la aparición de Tony en la vida de Margarita para que esta princesa triste se convirtiera en una joven resplandeciente de felicidad. La corte se preguntaba «¿cómo es posible que después de lo ocurrido con Townsend, Margarita haya podido sentir este flechazo por Tony, un hombre tan vulgar? ¿Qué es lo que Margarita ha visto en él?».

Once ausencias reales, once

El programa oficial de la boda de la princesa Margarita y del señor Tony Armstrong-Jones, publicado días antes, se hallaba envuelto en discreciones extrañas, como si el acontecimiento fuera un murmullo. De esta forma, en el libreto de veinticinco páginas, Margarita jamás era designada solo como «S.A.R. la novia» y Tony aparecía como el «prometido de la princesa». Su nombre no aparecería hasta el final del libreto.

Por otro lado, los padres del novio, Roland Armstrong-Jones y la condesa de Rosse, se verían obligados a marchar del brazo en el cortejo detrás de la reina madre a pesar de llevar veintitrés años divorciados.

El programa oficial anunciaba, también tímidamente, que la señora Carol López, la segunda esposa del padre, y su esposa actual, la tercera, también estarían presentes en Westminster. Como es lógico y natural, no figuraba en el programa otra de las extrañas invitadas a la boda y que estaría presente en Westminster, la señora Jackie Khan, la modelo fotográfica favorita de Tony y cuyo nombre estuvo ligado durante mucho tiempo al suyo.

La mayor contrariedad de esta boda, habiendo existido tantas, tanto para la reina Isabel como para la princesa Margarita y demás miembros de la Familia Real británica, habría de proporcionarla los invitados reales. De los doce soberanos reinantes entonces, once declinaron asistir a la ceremonia. Prácticamente todas las cabezas coronadas de Europa decidieron boicotearla. Por varias razones. La primera de ellas es que Margarita pagaba la falta de su hermana, la reina Isabel. Esta, en efecto, a lo largo de su reinado había herido, quizás involuntariamente, a un buen número de personas que en aquellos momentos parecían estar encantadas de vengarse. Un poco más de amabilidad y flexibilidad en la corte de Inglaterra habrían evitado ciertamente estas negativas hirientes de once reyes o reinas que no se molestaron en trasladarse a Londres el día 6 de mayo de 1960.

A decir verdad, la unión de la hija menor de Jorge VI con un fotógrafo plebeyo habría parecido unos años antes no solo imposible sino impensable, como que en España, por ejemplo, el heredero se casara con una divorciada nieta de un taxista. Esto, ni en pesadillas.

Como dijo la duquesa de Windsor con toda la cruel ironía que la caracterizaba: «Lo de Tony y Margarita es el mayor escándalo desde la boda de Eduardo VIII conmigo.»

«Te obedeceré»

El traje de novia es algo muy importante en una boda y lo único que con la virginidad de la protagonista, que ya no se estila, se mantiene en secreto. Por ello es lógico entender el discurso de Margarita al ver publicado el diseño de su vestido en la revista norteamericana *Women's Wear* unos días antes de que se celebrara la ceremonia.

El diseño se atenía bastante a la realidad. El modisto Hartnell, que había contratado un seguro de 168 millones de pesetas en caso de que la boda no se celebrase, rechazó hacer comentario alguno sobre este boceto. A pesar de todo, Margarita renunció a modificación alguna del traje. Se trataba del vestido de novia más sencillo que se había realizado nunca para una boda real.

Norman Hartnell, como modisto real desde hacía más de treinta años, eligió la «línea princesa» no solo porque nobleza obliga, sino porque esa línea está siempre de moda y es la más elegante y sencilla.

Fue tal la preocupación de Hartnell, que poseía su taller en el 26 de Bruton Street, que hasta que llegó el día de la boda perdió seis kilos de peso.

Y llegamos por fin al día, al momento en que iba a tener lugar por primera vez desde hacía cuarenta años la boda de una princesa británica con un plebeyo.

A las doce menos cuarto, en un gran silencio bajo la cúpula de 42 metros de altura de la abadía de Westminster, el arzobispo de Canterbury, que la había bautizado hacía veintinueve años y que se opuso tajantemente a su unión con el coronel Townsend, preguntaba a Margarita:

—¿Le obedecerás, servirás, honrarás y guardarás en la enfermedad y en la salud, renunciando a todo lo demás? ¿Te atarás a él solo hasta que la muerte os separe?

—*I will.* —«Sí, lo haré», contestó ella.

En el año 1926 la palabra «obedecerte» era omitida para cuando se tratara de un miembro de la Familia Real, pero la princesa Margarita pidió que se restableciera la fórmula tradicional, la de 1862. Y fue en este momento cuando la princesa Margarita, a la que a lo largo de doce años se le habían atribuido veintisiete noviazgos, se convertía en la señora de Armstrong-Jones. Esta boda recibía el número 245 en el registro de la abadía. Ocupaba, como todas las bodas reales, una página entera en ese registro. El novio firmó «Antony Armstrong-Jones», la novia lo hizo con un simple «Margarita».

Aquella tarde, después del banquete de bodas, el nuevo matrimonio se dirigió al nuevo muelle del Támesis donde se mecía suavemente el *Britannia*. El almirante comandante de a bordo, según el rito y la tradición de los cruceros reales, le preguntó a la princesa: «Señora, ¿adónde deseáis ir?» Y ella respondió: «A las islas del Caribe.»

Y el *Britannia* se alejó hacia la luna de miel.

Señales de desgaste

La reina esperó el nacimiento del primer hijo del matrimonio, el 3 de noviembre de 1961, para otorgar a Tony el título de conde de Snowdon y vizconde de Linley de Nymans. El niño fue bautizado como David Alberto Carlos.

Pronto la princesa quedó embarazada nuevamente y el 1 de mayo de 1964 nacía una niña bautizada con el nombre de Sara Frances Elizabeth.

No había de pasar mucho tiempo cuando las señales de desgaste del matrimonio se hicieron notar. Cierto es que al principio a él no le importaba que ella llevara las riendas, pero pronto se rebeló contra aquella manera de convivir. Aunque Margarita y Tony intentaban comportarse impecablemente frente a sus hijos, las innumerables disputas comenzaron a perturbar a los niños. Él comenzó a sentirse deprimido por la muerte de su padre, en 1965, y decidió dedicarse por completo a unos proyectos extranjeros para el *Sunday Times*. Ni Margarita ni Tony aguantaban ya, juntos, demasiado tiempo.

Él buscó refugio en el campo para él y para los niños, y por último se instaló en Old House, una inmensa cabaña en tierras de su tío Oliver Messil.

Para Margarita esta era la última gota y declaró: «Tony destruyó la pareja aislándose en ese lugar.»

Ante esta actitud de Tony, Margarita se volcó en Robin Douglas-Home, un amigo con el que compartía la afición por la música. Cuando Tony viajó al Japón en una de sus frecuentes visitas de negocios, por primera vez se oyeron rumores sobre una fisura en el matrimonio entre Margarita y Tony.

Por otro lado, a él empezaron a verlo al lado de mujeres preciosas, tanto en Londres como en Old House. Entre estas lady Jackeline Rufus-Isaacs, hija de su vecino en Sussex, quien visitó a Tony cuando estuvo internado, un corto período, en el hospital. A Margarita le prohibieron visitarlo.

En 1973, un amigo de Margarita la invitó a asistir a una fiesta en su casa de Escocia cerca de Peebles. Uno de los invitados fue Roderic Llewellyn, de 25 años, el hijo menor de un teniente coronel. Por su aire un poco perdido y su parecido a Tony de joven, inmediatamente atrajo la atención de Margarita. Diecisiete años menor que Margarita, se convirtió en invitado regular de las fiestas privadas de la princesa en Londres. Se decía que eran inseparables. Mientras tanto, Tony, o estaba casi siempre en el extranjero, o cuando estaba en Inglaterra pasaba gran parte del tiempo en el campo.

Margarita explicó a su madre que su matrimonio estaba acabado y esta se puso de parte de Tony. Y la reina, que ya sospechaba esa ruptura, se unió a ella en defensa de su cuñado.

Una prueba de la ruptura de la pareja, expresiva ella, es que cuando Tony celebraba su 44 cumpleaños, el 7 de marzo de 1974, Margarita no solo se encontraba en la isla Mustique sino que había invitado a Rody.

Cuando el joven se mudó a un piso en Londres, Margarita pasó a ser el centro de su vida. Involucrado en una serie de trabajos poco gratificantes mientras pasaba los fines de semana en una comunidad ayudando en la huerta, al final se convirtió en un jardinero profesional, aparte de un amigo permanente en la vida de la princesa.

El divorcio en 113 segundos

No pasó mucho tiempo para que se produjera el desastre. Un fotógrafo neozelandés se instaló en una villa en Mustique. Estaba decidido a hacer fotos de Margarita y Rody juntos. La fotografía apareció en la primera página de la prensa sensacionalista británica y mostraba a la pareja en bañador, disfrutando en la intimidad. La reacción ante la publicación de aquellas fotografías fue una tormenta de protestas. Se alegaba que la princesa había sido estafada, pero la versión de Tony causó un daño terrible: Había sido humillado e inmediatamente puso en acción sus planes, preparados durante mucho tiempo, para llevar a cabo una separación oficial. La reina estaba a la vez complacida y angustiada.

El 19 de marzo de 1976, el palacio de Kensington publicaba este anuncio:

> Su Alteza Real la princesa Margarita, condesa de Snowdon, y el conde han acordado mutuamente vivir separados. La princesa seguirá realizando sus deberes y funciones públicas sin la compañía de lord Snowdon. No existen planes de proceso de divorcio.

Cuando se dio la noticia hubo un sentimiento de «ya te lo había dicho» entre el público. A Margarita se la veía frívola pero triste. La princesa nunca había sido tan impopular. La simpatía quedaba reservada para Tony, que hizo una pausa en su viaje a Australia para hacer una emotiva declaración en una conferencia de prensa. Se le veía cansado, ojeroso y conmovedor cuando agradeció a la reina su comprensión, pidiendo que hiciese lo mismo con su esposa e hijos.

La reina dejó perfectamente claro que no recibiría a Rody, el jardinero, en ninguna de sus casas, y la reina madre, aunque menos dolida, tampoco lo invitó a ninguna de sus residencias. Los empleados de Clarence House se asombraban al ver llorar a la ex soberana, algo que no habían visto ni siquiera en los oscuros días de la abdicación.

La ruptura final con Tony, en 1976, fue como un tormento para la princesa, que negó cualquier rumor sobre un intento de suicidio: «Habría sido extraño... ella ama demasiado la vida. Nunca lo haría», declararon sus amigos.

Dos semanas después de las pruebas que habían realizado a la princesa por sus enfermedades, una hepatitis alcohólica y una gastroenteritis, se anunció en el palacio de Kensington:

> Su Alteza Real Margarita, condesa de Snowdon, y el conde de Snowdon, después de dos años de separación, han declarado que su matrimonio será formalmente anulado, por lo que Su Alteza Real comenzará todos los trámites legales.

El rápido proceso de divorcio solo duró 113 segundos y costó 16 libras. Después de todo el furor ante la separación oficial, la moderación con que se trató el tema por parte de la Familia Real hizo que la historia se calmara.

Durante años y hasta su muerte, Margarita fue considerada una figura trágica dentro de la Familia Real.

Ana y Mark Phillips

El día 30 de agosto de 1989, el palacio de Buckingham hacía público el siguiente escueto comunicado de veintiséis palabras:

Su alteza real, la princesa Ana, y el capitán Mark Phillips han decidido separarse en los términos acordados entre ellos. No existen planes para el divorcio.

Pero, el 23 de abril de 1992, y con una premura inusual en la corte británica, el tribunal de Somerset House sellaba definitivamente, en cinco minutos, el divorcio de Ana y Mark.

Con esta sentencia se daban oficialmente por terminados dieciséis años de matrimonio entre la hija única de la reina Isabel II de la Gran Bretaña, la temperamental princesa Ana, octava en la línea de sucesión a la corona, y el apuesto capitán Mark Phillips.

Los caballos: una pasión compartida

Como Ana, un caballo fue el primer juguete de Mark. En 1958, cuando Ana solo contaba ocho años de edad, ganó su primer trofeo en una prueba hípica. En esa época ya poseía dos caballos: *My Flower* y *Greensloeves.*

Mientras tanto, Mark, hijo de una familia británica acomodada, se decidió por las Fuerzas Armadas e ingresó en el Sandhurst College. En julio de 1969 fue nombrado teniente de la primera Guardia de Dragones de la reina, más por su habilidad como jinete que por su trayectoria de servicios.

Y la equitación seguía siendo también la única gran

pasión de la princesa Ana: «Me gusta porque los caballos no tienen la menor idea sobre los rangos y todas esas cosas. Además es algo que todos pueden ver que hago bien y que no tiene nada que ver con mi condición, ni con mi dinero ni con nada. Si lo hago bien es solo porque sé hacerlo y no porque sea la princesa Ana.»

Por entonces Mark Phillips estaba ya considerado como un extraordinario jinete. Había participado incluso en los Juegos Olímpicos de México de 1968. Y fue el primer cadete de Sandhurst que fue a unas olimpiadas como jinete de reserva. En los Juegos olímpicos de 1972, en Múnich, Mark fue miembro del equipo británico y ganó una medalla de oro.

En la época del compromiso, Mark era propietario de dos caballos, uno de los cuales, *Persian Holliday*, dejaba con frecuencia a una amiga muy especial, su alteza real la princesa Ana.

Desde que acabó sus estudios en la escuela, Ana se había negado rotundamente a que la apresuraran a casarse. Muchos pensaban que, de hecho, sería un hombre bastante extraño el que lograra hacer perder la cabeza a la caprichosa y temperamental hija de la reina y, durante algunos años, ese hombre pareció ser el teniente Mark Phillips.

Su amistad se basaba en algo más que en la pasión compartida por los caballos, aunque eran estos los que les unían. Desde muy joven, Ana se había dado cuenta de que en el mundo de la equitación ella era un ser independiente y no un miembro de la Familia Real. Pero se trata de un deporte que requiere un grado muy alto de estilo y compostura, así Ana podía canalizar, en la equitación, el lado más frío y arrogante de su personalidad, que nunca podría expresar como princesa.

Ana había encontrado en Mark a un joven de grandes habilidades como jinete, considerado a nivel internacional. Probablemente no quería un compañero que la eclipsara y dominara en la vida pública. Pero, en el mundo de la equitación, seguramente disfrutaba al ver en Mark a la personificación de las clases y actitudes deportivas a las que ella aspiraba. Mark, por otra parte, era un hombre nervioso y algo inseguro que, probablemente, vio en Ana la mujer cuyo sentido de la autoridad resultaba el complemento ideal para su personalidad.

Y ni corta ni perezosa, barriendo los ridículos y ya trasnochados impedimentos de la sangre real y otras zarandajas, que ya se habían saltado su tío abuelo, el duque de Windsor, y su tía, la princesa Margarita, la decidida joven reunió a sus padres para comunicarles la noticia: se había enamorado de un joven que se merecía la estimación de toda la Familia Real.

La reina Isabel, tan escarmentada por todo lo que se refiere a inmiscuirse en los problemas del corazón, no puso ninguna objeción a las relaciones de su hija Ana con el teniente Mark Phillips.

¿Iba a significarles a Ana y a Mark, superados los matrimonios por razones de Estado, la felicidad eterna?

Como ya hemos repetido varias veces en este libro y en las historias de familias reales de las que nos hemos ocupado, ni siquiera aquellos que se casan por amor tienen esa garantía hasta el infinito. Lo hemos visto en el caso de la princesa Margarita y ahora en el de la princesa Ana, por citar solo a dos miembros de la Familia Real británica.

El placer de anunciar

Ana y Mark, cuando decidieron unir sus vidas «hasta que las muerte nos separe» —seamos un poco más pragmáticos y digamos hasta que el amor se acabe—, no tenían garantizado el amor eterno, pero al menos fue un buen principio.

Durante la Semana Santa de 1973, se hizo público el compromiso que tanto Ana como Mark habían luchado por mantener en secreto. En una circular de la corte publicada el martes 29 de mayo, el palacio de Buckingham comunicaba que «la reina y el duque de Edimburgo tienen el placer de anunciar el compromiso de su amada hija Ana y el teniente Mark Phillips, de la Guardia de Dragones de la reina, hijo del mayor Peter Phillips y señora».

Después se supo que Mark había propuesto matrimonio a Ana el 21 de abril, el día del cumpleaños de la reina, propuesta que la princesa Ana aceptó de inmediato.

En Great Somerford, la abuela de Mark, Evelyn Tiarks, respondía con entusiasmo a las preguntas de un gran número de periodistas:

—¡Oh! Es maravilloso. Ahora lo han anunciado oficialmente. He estado oyendo el nombre de Mark en la televisión todo el día.

El anuncio oficial trajo una gran sensación de alivio. Por fin, la hija de la reina había encontrado al parecer la verdadera felicidad.

¡Como tiene que ser!

Las tradicionales entrevistas televisivas previas a las bodas reales, que más tarde mejorarían mucho, eran tremendamente formales a principios de los años setenta. La princesa Ana reaccionó con brusquedad a una pregunta dirigida a ella. Esta era que si sabía cocinar y coser. Ella respondió, después de dirigirle una intensa mirada al periodista que la hacía: «Podría hervir un huevo... No soy totalmente inútil. Fui educada en todos los sentidos.» Posteriormente le preguntaron si creía que su matrimonio podría soportar las presiones de la vida pública y la publicidad que conllevaba. Ana miró hacia el fondo de la sala y sin ningún tipo de romanticismo respondió: «Bueno, así es como tiene que ser.» La entrevista fue tan embarazosa que *The Times* publicó la siguiente referencia: «¿Quién, después de observar a la princesa Ana y a su novio, tan poco entusiasmados, poco originales y tan desapasionados, puede haber sentido, por un instante, que quedaba algo de mágico o misterioso en la institución de la realeza?»

Las sucesivas crisis matrimoniales, separaciones y divorcios de numerosos miembros de la Familia Real británica demostraron la pérdida de aquella magia y de aquel misterio que había envuelto a la corte de Saint James y a otras cortes europeas.

No quiso títulos

El protocolo dictaba que la boda debía llevarse a cabo dentro de los seis meses posteriores al anuncio del compromiso, y la fecha escogida fue el 14 de noviembre, que coincidía con el vigésimo quinto cumpleaños del príncipe Carlos.

Los primeros problemas con la Familia Real, por parte de Mark Phillips, comenzaron poco antes de la boda, cuando se planteó el lugar donde había de celebrarse. Él deseaba que la ceremonia fuese realmente «un acto familiar, sencillo y tranquilo». Nada mejor para ello que la pequeña capilla de San Jorge, en el palacio de Windsor (en esta capilla se celebró la ceremonia religiosa del príncipe Carlos y Camilla después de haber celebrado el matrimonio civil).

Pero la reina impuso la solemne abadía de Westminster, escenario de la mayoría de las pompas religiosas de la corte de su graciosa majestad. Esta imposición real no hizo mucha gracia al capitán, que sí obligó a la novia a no aceptar el gran cortejo de damas que quería imponerle su madre, quien deseaba que en ese día su hija fuera acompañada al menos por tantas damas como ella llevó en su boda: ocho doncellas y dos pajes.

Mark Phillips, que nunca quiso integrarse en la Familia Real, posiblemente por su carácter sencillo, renunció al título nobiliario que la reina le ofreció antes de la boda, al igual que había hecho con el marido de su hermana Margarita, el fotógrafo Tony Armstrong Jones, a quien nombró lord y conde.

Pero, a diferencia de la boda de la propia reina, que debido a que se trataba de la heredera a la corona fue un acontecimiento de Estado, el matrimonio de la princesa Ana, a pesar de la pompa que lo rodeaba, fue un acontecimiento familiar, con asistencia de muy pocos invitados reales, la mayoría de ellos parientes. Es el caso de la presencia de los entonces príncipes Juan Carlos y Sofía, de los reyes de Grecia Ana María y Constantino que, junto con los príncipes Gracia y Rainiero de Mónaco y los herederos de Holanda y Noruega, Beatriz y Claus, y Sonia y Harald, formaban el reducido grupo de personajes de la realeza invitados a la boda de la princesa Ana.

En otros aspectos, esta boda también tuvo algo menos de la grandeza tradicional que caracterizaba a los miembros de la Casa Real.

Prometió obedecerle

Llegado el momento de pronunciar sus promesas la princesa, no reveló el menor síntoma de vacilación ni de nervios. Sus respuestas fueron firmes y claras, mientras miraba frecuentemente a Mark, un tanto emocionado él, sobre todo cuando Ana le prometió «obedecerle hasta que la muerte los separe», que tanto habría de molestar a las feministas de la época.

La princesa y su capitán se prometieron también amor y mutua fidelidad con la misma intimidad encantadora que si se tratara de una ceremonia familiar en cualquier iglesia de pueblo.

Era la única hija de la reina de Inglaterra que se había rendido al amor, a la simpatía y a la sencillez del único hijo varón de una familia burguesa. La ceremonia no paró en mientes en la diferencia de rango. Mark Anthony Peter tomaba por legítima esposa a Ana Isabel Alicia Luisa, un hombre y una mujer que se unían ante Dios. La princesa, que se había descrito a sí misma como una chica muy a la antigua, prometió en la ceremonia todo lo que había que prometer.

Mientras el coro de la abadía interpretaba nuevos himnos, los recién casados abandonaron el templo para regresar al palacio de Buckingham, con el mismo recorrido que a la ida. Una vez en palacio, se asomaron al balcón principal desde el que correspondieron a las aclamaciones de la multitud.

Se trata de ese balcón al que se asomó Jorge VI cuando terminó la Segunda Guerra Mundial y en el que se sellan, mediante aclamaciones, los actos de unión entre el pueblo y la Familia Real de Gran Bretaña. A él se asomaron la princesa Margarita, el príncipe Carlos, el príncipe Andrés y todos aquellos miembros de la Familia Real que contraen matrimonio con distinta suerte, en este caso, mala.

Cuando no se cabalga junto

Durante quince años el amor por los dos hijos habidos en el matrimonio y la pasión por los caballos mantuvieron juntos a Ana y a Mark. Aunque el padre de la princesa, el cáustico e irónico duque de Edimburgo, tuviera dudas acerca de su futuro yerno. El príncipe Felipe lo consideraba soso y opinaba que solamente sabía hablar de caballos.

Pero la sencilla manera de comportarse Mark, para quien pertenecer a la realeza representaba muchos inconvenientes difíciles de mantener, comenzó a minar la estabilidad del matrimonio. Y comenzaron los rumores tanto en la prensa británica como en la extranjera, que relacionaban a Ana y a Mark con otras personas. Tal cosa provocaba grandes angustias en el matrimonio, fueran verdad o mentira; que fueron verdad.

Compartir de forma habitual una misma pasión, la hípica, no evitó al capitán Mark Phillips y a su gentil y temperamental esposa, la princesa Ana, múltiples desavenencias. Debido al hermetismo con el que el capitán Mark Phillips supo rodear su vida familiar desde el mismo día de la boda, poco se ha sabido, a lo largo de estos años, de la intimidad del matrimonio. La primera noticia negativa que saltó a la prensa sobre la vida de la pareja fue en abril de 1989, con motivo de la historia de las cartas de amor que la princesa había escrito a otro capitán, Timothy Laurence, ayudante de la reina Isabel.

Como suele ocurrir siempre o casi siempre que se descubre un escándalo sentimental, todo el mundo en Londres pretendió saber que no se trataba de la primera crisis, aunque sí la más grave, de la pareja.

Tras estos rumores que afectaban a la estabilidad emocional del matrimonio se producían reconciliaciones. Y como suele ocurrir en la mayoría de los matrimonios, el sistema de reconciliación en la cama, tras una larga separación motivada por una grave crisis, solo sirve para incrementar una familia a la deriva.

Aquellas desventuras y crisis matrimoniales de Ana y Mark fueron recogidas en su momento por toda la prensa británica, incluido el serio *The Times*, que hizo exclamar a la reina Isabel: «Ya sé que *The Times* ha cambiado, pero no lo suficiente para convertirse en portavoz deliberado de una campaña de mentiras.»

Y es que hasta la propia soberana reconoció que todo esto podía suceder cuando un matrimonio no cabalga junto.

La separación, el divorcio

En agosto de 1989, el anuncio oficial de la separación llegó precedido por una ola de especulaciones.

Fueron muy pocos los que se sorprendieron cuando la reina les dio su permiso, en enero de 1990, para que tramitaran el divorcio. Ana, por el contrario, en el mes de enero de 1991, optando por una solución plebeya a su conflicto matrimonial, presentó la demanda judicial correspondiente para lograr el divorcio.

La aparición en 1983 del capitán de navío Timothy Laurence en la vida de la princesa Ana precipitó la ruptura del matrimonio con el capitán Mark Phillips, al que un 14 de noviembre de 1973 y en la abadía de Westminster prometía obedecerle hasta que la muerte los separase, ante la indignación de los colectivos feministas británicos, que el día después de la boda hicieron público un comunicado para demostrar su oposición y disgusto. De lo que no existe la menor duda es de que el matrimonio que se bendecía aquel día en la famosa e histórica abadía era un matrimonio por amor, pero fundamentado en una pasión común que había logrado unir a esta pareja tan desigual: los caballos. Posiblemente los caballos, otra pasión de la reina Isabel II, hicieron que la soberana sintiera simpatía por quien había de convertirse en su hijo político. Pero los caballos, por mucho amor que se tenga y se comparta, no parecen ser suficiente para que un matrimonio dure hasta que la muerte lo separe.

Un ejemplo, el matrimonio de la princesa Ana de Inglaterra y Mark Phillips.

ANDRÉS Y SARAH

El 19 de marzo de 1992 la casa de su graciosa majestad británica la reina Isabel II anunciaba la separación del príncipe Andrés y Sarah Ferguson, duques de York.

Aunque no me gustan las frases hechas, el matrimonio del príncipe Andrés, el cuarto en la línea de sucesión al trono del Reino Unido, con Sarah Ferguson era la historia de un divorcio anunciado desde el mismo día de la boda celebrada el 23 de julio de 1986.

Nunca se entendieron ni las tragaderas del marido consentidor, ni la desvergüenza de la esposa infiel, ni la actitud de la reina ante el comportamiento tanto de su hijo como de la nuera que tanto daño hicieron a la institución.

Tampoco se entendió que el príncipe Andrés se casara con una joven que a los 23 años ya había tenido seis relaciones sentimentales en seis años y que había vivido emparejada con un hombre que le doblaba en edad: Paddy McNally, de 48 años, corredor automovilista, viudo y padre de dos hijos. Primero en Suiza y posteriormente en Ibiza. Aunque Sarah pretendió siempre casarse, él no sabía cómo quitársela de encima, hasta el extremo de animarla a enamorar al príncipe inglés a quien había conocido por medio de Diana de Gales, otra prenda real como la vida misma, amiga de Sarah desde que coincidieron en un partido de polo. No hay que olvidar que el mayor Ferguson, padre de Sarah, era entrenador primero del príncipe Felipe y posteriormente de su hijo y marido de lady Di, el príncipe Carlos.

Las dos jóvenes tenían además las mismas vulgares aficiones a las echadoras de cartas, a las curanderas y a las médium, de las que eran habituales visitantes.

La infancia de Sarah Ferguson no puede considerarse feliz. Cuando ella apenas era una adolescente, su madre abandonó a su marido, el mayor Ferguson, para irse a vivir a Buenos Aires con el jugador argentino de polo Héctor Barrantes. Las hijas, Jane y Sarah, se quedan con el padre, quien reconoció que en los años sesenta «mientras yo jugaba al polo con el príncipe Felipe, este se ventilaba a mi esposa, de quien era amante».

Cuatro años después de la separación, el mayor se casa de nuevo con Susan Deptford.

Sarah se crio sin control alguno, hasta el extremo de que apenas iba a la escuela, que abandonó en 1976. Sus estudios no pasaron de un curso de secretaria en el Queen's Secretarial College de Londres, de la que la expulsaron por mala conducta a los cuatro meses. La muchacha ya apuntaba maneras.

Sarah y el príncipe Andrés congeniaron nada más conocerse. Eran igual de vulgares, aficionados al humor escatológico, a los ruidos corporales, los pedos y los eructos, amén de una fuerte atracción sexual, una corriente que fluía bajo la jovialidad de los dos. El 15 de marzo Sarah fue invitada a almorzar con la reina en el castillo de Windsor. Fue ese día cuando la soberana, ingenua ella, dio formalmente su consentimiento para el matrimonio. La encontraba vivaz y entusiasta, aunque había quien pensaba que de chica tan vulgar no podía venir nada bueno. «Será el fin de la casa Windsor», publicaba el *Daily Mail.*

El día 19 se anunciaba oficialmente el compromiso. El día de su presentación a la prensa después de anunciar la boda, al ser preguntada si pensaba ponerse a régimen para perder algún kilo, respondió con descaro: «Tengo lo suficiente por delante, con esta buena delantera, y lo suficiente por detrás para hacer feliz a un hombre. Soy un tipo de mujer como Dios manda.» Sus medidas: 110-90-125.

«¡Vaya con la niña!»

La prensa estaba intrigada por saber si una chica tan independiente estaría dispuesta a prometer «obediencia» en la boda. «Yo estaba pensando en obedecer, en términos morales. Pero cuando estemos ante un dilema que requiera una decisión, será Andrés quien la tome, porque es el hombre de la casa. En ese sentido sí que obedeceré.»

Y llegó el día señalado para la boda: 23 de julio de 1986. Aquella misma mañana, la reina concedió a su hijo el título de duque de York. Sarah pasó a ser su alteza real la duquesa de York.

Su padre, el mayor Ferguson, que actuó de padrino, se sorprendió al ver aquella multitud a un lado y a otro de las calles por las que habría de discurrir el cortejo. «¡Vaya con la niña, cuánta gente para verla!»

Cierto es que con aquel vestido victoriano color marfil y la corona de flores sobre su cabello pelirrojo estaba realmente espléndida, rotundamente espléndida.

Su traje confeccionado en satén de color crudo hacía juego con su pecosa piel de pelirroja. El complejo trenzado de abalorios y de las mangas estaba inspirado en el escudo de armas de Sarah: una abeja sobre un cardo sujeto por una cinta en la cual se leía la letra S. Este motivo continuaría entremezclado con anclas y barcos en la cola de más de cinco metros. Los zapatos habían sido diseñados por el prodigioso zapatero español Manolo Blahnik. La corona era de pétalos azulados y de color crema, de gardenias y rosas. Esta fue reemplazada más tarde por una diadema de diamantes montados en platino.

«Venga, papá. Que vean lo que es bueno», le susurró a su padre cuando recorrían el largo pasillo de la abadía de Westminster hasta el altar. Y lo hizo realizando muecas, guiñando el ojo a algún invitado y en otros casos enseñando el pulgar en señal de triunfo. Cuando llegaron ante la reina, su padre le dijo: «Ahora a ponerte seria.»

Su comportamiento, a veces impresentable, continuó también así cuando abandonaban la abadía ya del brazo del príncipe Andrés. Una vez finalizada la ceremonia le susurró a su flamante marido: «Querido, he olvidado mi cepillo de dientes.»

La boda fue descrita en términos harto graciosos por el periódico milanés *Il giorno*: «Concluyamos pues que, si como dijo Flaubert para ser feliz es necesario no ser muy inteligente, poseer cierta arrogancia y, sobre todo, poseer buena salud, no cabe duda de que el porvenir de Andrés y Sarah será de los mejores», recordaba Kitty Kelley, autora de *Los Windsor* (Plaza y Janés, 1997).

Y así fue. Pero solo por un tiempo.

«Las bragas que llevo...»

Cuando los novios aparecieron en la gran balconada del palacio de Buckingham la multitud rugió de placer gritando: «¡Bésala, bésala!» El beso, cuando se lo dieron, fue disfrutado por quienes les vitoreaban.

La primera aparición de Sarah y Andrés de regreso de la luna de miel fue en Ascot. Ella y Diana, princesa de Gales, fueron fotografiadas, sin que se dieran cuenta, pinchando a sus amigos en el trasero con los paraguas.

«¿Iba a resultar Sarah una mala influencia para Diana?», se preguntaban los periódicos.

Estos comentarios hirieron a la duquesa de York, mucho más cuando Andrés se permitió corregirla en público sobre un asunto de protocolo: «¿Por qué me avergüenzas dejándome en evidencia delante de todo el mundo? No eres muy considerado», le gritó. «¿Por qué no esperas a que estemos solos los dos?»

Sarah creía que ganaba comportándose tal como era, porque se identificaba con las clases bajas, pero, en realidad, estas también odian la vulgaridad.

«Es verdad que el título de duquesa de York se le subió a mi hija a la cabeza. A veces interpretaba mal las reglas. Hay privilegios en la Familia Real que están ahí para aprovecharlos. Pero tiene que haber ciertos límites. Sarah creyó que podía ir mucho más lejos. Su marido debería haber tenido la fuerza de guiarla y aconsejarla. Pero no fue así», reconoció su padre. ¡Cualquiera se atrevía!

En poco más de un año, Sarah se convirtió en una mujer polémica a quien la prensa atacaba y descalificaba sin piedad. Era la niña mala, el diablillo de la Familia Real.

«Como en el cuento de hadas, había dos princesas, una abría la boca y salían rubíes y diamantes, la otra hablaba y escupía sapos», escribió Kitty Kelley.

¡Se comportaba de forma tan vulgar, zafia y ordinaria! La propia Mrs. Kelley recuerda que con motivo del primer viaje oficial a Estados Unidos en febrero de 1988, acompañando a su esposo el príncipe Andrés para promocionar las artes e industrias de la Gran Bretaña, Sarah se encargó varios modelos de alta costura francesa. Aunque aclaró con desvergonzada desenvoltura a la prensa: «Las bragas que llevo son de Marks & Spencer.»

Los medios de comunicación de California se quedaron sorprendidos cuando, en la primera rueda de prensa de los duques de York, Sarah apareció con el cabello lleno de banderitas americanas y británicas al tiempo que decía a los fotógrafos: «Fijaos en el pelo, chicos.»

Si al principio fue aceptada como un soplo de aire fresco, pronto se convirtió en la oveja negra de la familia. En palacio nadie estaba dispuesto a ayudarla.

Para acabarlo de arreglar, su padre, el mayor Ferguson, se vio envuelto en un escándalo con prostitutas en una casa de masajes.

Además, Sarah empezó a vender exclusivas negociando directamente con la prensa. Cobró medio millón de libras por abrir las puertas de su mansión a la revista *Hello*, versión inglesa del *Hola* español. Y vendió incluso fotos de ella, su marido, sus hijos, su madre, su padre y su hermana. Llegó incluso a hacerse un reportaje —pagado, por supuesto— con Andrés, cambiándole los pañales a la niña. La reina, indignada, exclamó: «Solo falta que saque a la reina madre desnudándose y metiéndose en la bañera.»

Separación y divorcio

Lo más grave se produjo cuando Sarah se encontraba embarazada de cinco meses de su segundo hijo. Se enamoró entonces de un rico tejano, Steve Wyatt, «una fiera en la cama», como le contó a su padre. «Déjalo ahora mismo», le exigió el mayor Ferguson. «No esperarás que me quede sola y quietecita noche tras noche mientras Andrés está embarcado», le replicó. «Tardó seis meses en volver a hablar con su padre», recuerda la autora del libro *Los Windsor*.

El descaro y desvergüenza de Sarah alcanzaron cotas inusitadas poco después del nacimiento de su segunda hija, el 23 de marzo de 1990. Entonces se marchó de vacaciones a Marruecos con su amante, dejando a su esposo al cuidado de la niña.

Nadie entendía las tragaderas del príncipe Andrés, a quien le estaba poniendo los cuernos públicamente.

«Vulgar, vulgar, vulgar», palabras repetidas mil veces en la corte. Y el *Sunday Times*, la tachó de «sumamente inmoral». La apodaban la bicicleta real en la que se montaba todo el mundo.

El 19 de marzo de 1992, la Casa Real anunció que los duques de York... se separaban.

A Steve Wyatt lo sustituyó otro norteamericano, amigo de este, John Bryan, un mago de las finanzas, quien se ofreció a la pareja de los duques de York para reconducir su maltrecha economía. Pero lo que hizo fue liarse con Sarah e introducirla en la cocaína.

El periódico sensacionalista británico *News of the Worlds* publicó un reportaje sobre el tal Bryan con el siguiente titular: «El amante de Fergie envuelto en un escándalo de vicio y de drogas.»

Pero el gran escándalo se produjo cuando toda la prensa publicó unas fotos de Sarah en la Costa Azul con el tal Bryan. En ellas aparecía la duquesa de York en *topless* mientras el amante le acariciaba los pechos y la besaba en la boca. Lo más grave es que en las fotos aparecían también sus hijas jugando a su lado. «Cerca de ellos, los dos guardaespaldas.»

Estos periódicos llegaron al castillo de Balmoral cuando Sarah pasaba las vacaciones junto a la Familia Real. «Quizá se sintiera más a gusto volviendo a casa con sus hijas», fue una manera elegante de ponerla de patitas en la calle. No volvería nunca más.

«Ni Wallie Simpson en sus peores tiempos tuvo esa desfachatez», dijo la reina madre.

«Ese fue el fin de Sarah Ferguson.»

«Sarah ya se había visto despojada de casi todas sus prerrogativas: la guardia real, el tren real, los compromisos reales, las invitaciones reales.» Privada de sus privilegios postales ya no le estaba permitido enviar las cartas gratis. Tampoco tenía derecho a acompañar a su marido e hijas al castillo de Windsor en Pascua, aunque a la reina no le gustaba tener que excluirla. Como dijo Sarah a su padre: «Yo no voy pero Andrés sí. Por lo visto la reina quiere que vaya, pero el resto de la familia no.»

«Sarah había perdido su asiento en el palco real de Wimbledon y en el Museo de Cera de Madame Tussauds habían retirado su figura de la exposición. Tenía prohibido entrar al recinto real de Ascot. Y resultaba penoso verla a un lado de la carretera cogiendo a sus hijas de la mano y saludando al paso de la reina en su carroza.»

La duquesa, rechazada por la Casa Real, no tardó en perder las esperanzas. Pidió ayuda a un psiquiatra pero, desaparecida la protección de los funcionarios reales, ya no había intimidad que valiera, y sus visitas al psiquiatra fueron del dominio público. «Ha sido horrible, solo me queda rezar», dijo Fergie.

«Una vez que la reina madre hubo hablado con su majestad, tuvo la certeza de que por fin la familia iba a librarse de la problemática joven, que los había avergonzado una vez más declarando que había pasado tres veces la prueba del sida.»

«La reina madre no había olvidado la enojosa cuestión del divorcio. Pero ¿quiere un millón de dólares? Solo es dinero. Bastaba con pagarlo y la duquesa de York se quedaría en mero comentario pelirrojo al pie de la historia», escribió Kitty Kelley en *Los Windsor. Radiografía de la Familia Real británica* (Plaza & Janés, 1998).

¡Y encima..., celestina!

Un libro, *Mi historia, la duquesa de York, su padre y yo*, escandalizó no solo a la Casa Real británica, si no al país entero. Su autora, Lesley Player, había sido amante del padre de Sarah. El «panfleto literario» descubría que Lesley también había mantenido relaciones, al mismo tiempo, con Steve Wyatt, amante de la propia Sarah Ferguson.

Lesley confiesa que conoció a Wyatt cuando este mantenía relaciones con la pelirroja esposa del príncipe Andrés.

La sorpresa del libro llega cuando nos encontramos con un romance mantenido por la autora con el amante de Sarah al mismo tiempo que ella estaba liada con el mayor Ferguson. Demasiadas puntas para un triángulo. Dada la coincidencia de fechas, hubo momentos en los que la autora, Lesley Player, «engañaba» a Ronald Ferguson con Wyatt, los mismos en que él engañaba a Sarah con Lesley.

La autora confiesa que la propia Sarah Ferguson se encargó, durante algún tiempo, de «arreglar» los encuentros clandestinos entre su padre y la autora del libro. Algunos de estos encuentros tenían lugar incluso en el palacio de Sunninghill, la residencia de los duques de York. Encima..., celestina.

Este libro venía a dar la razón a todos los que siempre afirmaron, que eran mayoría, que Sarah no era apta para formar parte de la Familia Real. Ni de ninguna otra familia con dos dedos de decencia.

CARLOS Y DIANA

La boda había sido el feliz final de un apasionado romance casi irreal en un mundo de duras realidades. Ante la enorme multitud que los vitoreaba el 29 de julio de 1981, Carlos y Diana se besaron. Ella acababa de cumplir 20 años y estaba enamorada. El príncipe también parecía estarlo aunque, como se supo después, no era cierto. La popularidad de la familia se hallaba en su punto más alto. Aquel amor parecía indestructible, eterno... Pero solo lo parecía.

El día 9 de diciembre de 1992, once años y medio después, el primer ministro inglés, John Major, anunciaba en la Cámara de los Comunes la separación oficial del matrimonio. Era el fin de una de las historias de amor más mediáticas de ese mundo fascinante y un poco artificial al que pertenece la realeza.

Aunque la prensa del corazón se había hecho eco de ciertas desavenencias entre los príncipes de Gales, nada hacía sospechar que aquello terminaría en una separación.

¿Qué había sucedido entre el comunicado del día 9 de diciembre de 1992, anunciando el fin del matrimonio, y el 24 de febrero de 1981 cuando «con el mayor placer la reina y el duque de Edimburgo anuncian los esponsales de su querido hijo, el príncipe de Gales, con lady Diana Spencer, hija del conde de Spencer y de la honorable señora Shand Kydd»?

La boda

Londres, en la soleada, veraniega y luminosa mañana del 29 de julio, era realmente una fiesta. Pero el millón largo de londinenses que se agolpaban en los cinco kilómetros del trayecto comprendido entre el palacio de Buckingham y la catedral de San Pablo era un extraño, abigarrado y multitudinario conjunto de hombres, mujeres y niños ojerosos y demacrados. Durante dos días con sus dos largas noches, ese entrañable lugar de Londres fue un inmenso dormitorio. Como lo sería también en la boda, años más tarde, del príncipe Guillermo, el heredero del heredero, el hijo de Diana. Un inmenso dormitorio la gigantesca plaza donde se alza el palacio; un dormitorio todo el famoso paseo del Mall y dormitorios también las plazas de Trafalgar y la plaza donde se encuentra la catedral.

Todos menos los reyes de España

Todos los soberanos reinantes de la vieja Europa se dieron cita en Londres para la boda del príncipe heredero de Inglaterra. Además de los de Bélgica, Holanda, Luxemburgo, Mónaco, Dinamarca, Suecia y Noruega, estaban también los ex reyes de Grecia, de Bulgaria y de Rumanía.

También varios jefes de Estado y de Gobierno, entre los que figuraba el presidente de la República francesa y su esposa.

Solo faltaban los reyes de España. La culpa, el Peñón de Gibraltar. Han pasado ya 30 años y el problema de Gibraltar no solo permanece inamovible como la misma roca, sino que a la inmensa mayoría de los españoles el tema ni les preocupa, ni les interesa, ni les importa un comino. ¡Ojalá Gibraltar llegara hasta Vigo! Viviríamos mejor y seríamos más respetados. Ser español ya no es lo más importante que se puede ser en el mundo. Como se decía antes sin pudor. Mientras que ser inglés no es ninguna tontería.

Pero volvamos a la ausencia de los reyes don Juan Carlos y doña Sofía. Con ella sancionaban una actitud, ridícula ella, sobre el Peñón. A pesar de ser primos del novio los dos. Como tales habían sido invitados especialmente por la Familia Real británica, y estaba previsto que se alojaran en el propio palacio de Buckingham.

Con justicia, la boda de Carlos y Diana pasará a la historia como la «Boda del Siglo». En ella concurrían todos los ingredientes para considerarla como tal: se trataba de una boda morganática que convertía en realidad el cuento de la Cenicienta, ya que una bella y joven desconocida se transformaba, nada menos, que en la princesa heredera de Inglaterra, princesa consorte, y el novio en el futuro rey de uno de los países más importantes del mundo.

Tras un compromiso oficial de cinco meses, el príncipe Carlos, de 32 años, y lady Diana Spencer, de 20, se casaban ese día.

A las 9.30 de la mañana llegaron los diseñadores del vestido, David y Elizabeth y Emmanuel. El traje estaba en Clarence House desde el día anterior. Con gran sorpresa, los modistos comprobaron que Diana había disminuido sus medidas, especialmente las del pecho. Del comentario de tal sorpresa nació el rumor de que lady Di sufría una anorexia nerviosa que le había quitado el apetito, haciéndole adelgazar aún más. Eran otros los motivos.

El vestido de la novia había sido confeccionado en tafetán de seda natural de color marfil y encaje antiguo bordado a mano con pequeñas perlas. El velo medía ocho metros. Era de tul de seda natural en tono crudo bordado todo él con miles de madreperlas y sostenido por una tiara de diamantes de la reina madre, que había lucido el día de su boda, al igual que lo hizo Isabel II y las princesas Margarita y Ana.

A las 10.15 de la mañana, la novia y su padre salieron de Clarence House en dirección a la catedral de San Pablo, en donde se encontraban ya los 2.500 invitados a la boda, que hubieron de ocupar sus sitios respectivos de acuerdo con el protocolo real antes de que llegaran las testas coronadas de Europa y los miembros de la Familia Real británica.

La música, ¿el mejor recuerdo...?

El príncipe Carlos, que como heredero le hubiese correspondido contraer matrimonio en la abadía de Westminster como lo hicieron todos los herederos y reyes de Inglaterra, eligió la catedral de San Pablo por sus condiciones acústicas. Deseaba que su boda se recordara al menos por el programa musical. Bien sabía que se trataba de una boda con fecha de caducidad.

Dando el brazo a su padre, el conde Spencer, Diana entró en la catedral seguida de sus damas y sus pajes. El tul que cubría su cara impedía ver si estaba emocionada, si estaba alegre, si estaba triste.

La víspera había sabido que su marido, el príncipe

Carlos, había enviado o había entregado un regalo, él dijo que de despedida, a Camilla Parker. Fue motivo de una gran bronca, la primera, que los novios tuvieron antes de la boda.

El lector se preguntará cuál fue ese programa musical que el propio príncipe había seleccionado como si se tratara de un concierto y no de su propia boda.

Para empezar, en él participaron los coros de la catedral, los de la capilla real de su majestad la reina, la Orquesta Real de la Ópera, la del Covent Garden, el coro Bach, la orquesta Inglesa de Cámara y la orquesta Filarmónica de Londres. Ahí es nada.

Además se dejaron oír las trompetas de la Caballería de la Casa Real, las fanfarrias de la Escuela Real Militar de Música, así como la voz de la famosa soprano Kiri Te Kanawa. También la trompeta de John Galas. Y se interpretó música de Haendel, el *Sansón*; el *Rondeau de Abdelazar*, de Henry Purcell; también la *Marcha n.º 4* de Elgar, y *Corona Imperial*, de William Walton. Igualmente se dejó oír la música de Arthur Bliss, Herbert Howells, Michael Tippett y otra serie de compositores de música clásica y moderna.

Juraron... ¡fidelidad!

Como en todas las bodas de los miembros de la Familia Real, ofició el arzobispo de Canterbury, primado de toda Inglaterra. Se dio la circunstancia curiosa de que fue auxiliado por el cardenal Hume, arzobispo de Westminster y primado católico de Inglaterra y Gales.

La fórmula utilizada para el matrimonio fue la siguiente: «Yo, Carlos Felipe Arturo Jorge, te tomo a ti Diana Frances como mi esposa legal para tenerte y conservarte conmigo a partir del día de hoy, tanto en los buenos tiempos como en los malos, en la riqueza como en la pobreza, en la salud como en la enfermedad, para tenerte y cuidarte hasta que la muerte nos separe, según las santas leyes de Dios. Con este objeto te juro mi fidelidad.»

Seguidamente la novia recitó idéntico ritual, refrendado por las siguientes palabras del oficiante: «Lo que Dios ha unido que no lo desuna nadie.» Y dirigiéndose a la concurrencia, el arzobispo dijo: «Dado que Carlos Felipe Arturo Jorge y Diana Frances han consentido en unirse en santo matrimonio y han testificado en este sentido ante Dios y ante la gente y con esta intención se han dado y prometido fidelidad el uno al otro y han declarado lo mismo al dar y recibir el anillo uniendo sus manos, les declaro marido y mujer en el nombre del Padre, del Hijo y del Espíritu Santo.»

Releyendo hoy estas palabras, ¿qué se puede pensar? Si las analizamos, lo primero que faltó en la pareja fue una mutua fidelidad. Tampoco se cumplió lo de «mi esposa legal para tenerte y conservarte», pues no la conservó. Y eso de «cuidarte hasta que la muerte nos separe...», un sarcasmo.

Las palabras del arzobispo resultan hoy, como mínimo, vacías de contenido: «Lo que Dios ha unido que no lo desuna nadie.» Nadie, por supuesto, sino los propios protagonistas de esta boda, en la que el novio ya llevaba un amor en su corazón y la novia las sospechas de una traición.

¡Un beso envenenado!

Cuando Carlos y Diana fueron declarados marido y mujer, la multitud (¡qué sabían ellos!) reunida en el exterior, donde seguían la ceremonia por los altavoces, estalló en vítores, los cuales se repitieron constantemente durante el regreso a Buckingham y, sobre todo, cuando, en la aparición de la pareja en el balcón, ella recogió el mensaje de todos los presentes y volviéndose a Carlos le dijo tímidamente: «Quieren que nos besemos.»

El príncipe, que se mantenía muy serio, le respondió: «Si lo piden, ¿por qué no?»

Y se besaron. Pero fue un beso envenenado.

Desde ese momento, lady Di comenzó a prepararse para ser un día la reina consorte de Inglaterra. Pero no pudo soportar todas sus servidumbres y sacrificios. A lo peor no era una profesional sino una frívola que no sabía, en ese momento, que las coronas reales también tienen espinas. Pero, sobre todo, quizá no supo que la razón de ser de la institución monárquica, en la que ella acababa de ingresar, consiste, simplemente, en dar ejemplo.

Traiciones. ¿Cómo se podía poner como ejemplo a una mujer que mantenía conversaciones como la que se le grabó en 1989 con su amado James Gilbey:

DIANA: No quiero quedarme embarazada.

GILBEY: Querida, eso no sucederá. ¿De acuerdo?

DIANA: Sí, mi amor.

GILBEY: No te lo tomes así. No sucederá. No quedarás embarazada.

DIANA: Hoy vi *East Enders* [una serie de televisión], la protagonista tenía un bebé que no era de su esposo. Era de otro.

GILBEY: Bésame. [Ruido de besos en la línea telefónica.] ¡Oh Dios!, es maravilloso, ¿verdad? Este sentimiento.

DIANA: Me encanta.

GILBEY: Lo sé. Querida, es como...

DIANA: ¿Como si nos masturbáramos? [Risas. Y luego hablando de los Windsor]: Son un infierno. Después de todo lo que he hecho por esta maldita familia. No soporto el encierro de este matrimonio. Carlos hace que mi vida sea un tormento.

Este diálogo fue incluido en el libro *Diana, el último año*, de Donald Spoto (Javier Vergara Editor, 1998).

No hay duda de que Diana de Gales, aparte de ser desvergonzadamente frívola, de puro tonta, dio encefalograma plano antes de estrellarse en el túnel de París junto a su último amante. «Habían iniciado una alocada carrera hacia la libertad, el amor, la verdad, la vida, la muerte, carrera que terminó trágicamente rodeada de *paparazzi* que fotografiaban al alba lívida y no imprecisamente de oro», escribió Francisco Umbral el día de su muerte.

Diana y la prensa

Lady Di amaba a la prensa y al mismo tiempo la odiaba. Se trataba de una relación sadomasoquista. Sin embargo, su historia de amor con los periodistas duró más que su matrimonio con el heredero del trono británico. De hecho, creyó vencer a la Familia Real británica gracias al apoyo de la prensa. Fueron su vida y su muerte.

«Tal vez no haya más que culpables en esta muerte en la que Diana fue la víctima no inocente y Carlos el malo de la película, el prisionero de un destino regio marcado por la intolerancia y en el que ese hombre era rehén entre la ambición histórica y la pasión amorosa», según escribió el día del accidente el columnista de *ABC* Lorenzo López Sancho.

La tragedia de la vida de Diana fue una representación en vivo del bien y del mal, del amor y de la muerte. Encarnaba a la mujer de este tiempo, universalmente sentida como propia por el puntual relato de su existencia. No fue una mujer ejemplar, ni un ejemplo de mujer. Si en un momento de su vida ya no podía ser, porque se había divorciado, la futura reina consorte de Inglaterra, siempre sería la madre del rey, que en la monarquía es una figura importante, respetada y respetable. Pero una vez fracasado en su matrimonio, y aceptando que en aquella relación no podían ser tres, solo le interesaba lograr un ventajosísimo arreglo económico que pusiera punto final a una de las batallas conyugales más amargas y públicas de la historia, una disputa que Diana había librado más en la televisión que en los despachos de los abogados.

«Ambos, ella y Carlos, habían confesado públicamente sus mutuas infidelidades, ambos habían autorizado libros que detallaban el vergonzoso tratamiento que el otro le había infringido», recuerda Donald Spoto (obra citada).

¿Generosidad o venganza?

El citado autor, Donald Spoto, un prestigioso ensayista británico autor de numerosas obras de éxito, entre ellas *Esplendor y caída de la Casa de Windsor* (Grijalbo, 1997), la más completa historia de la Familia Real inglesa desde la reina Victoria hasta Diana, escribe en su libro, *Diana, el último año*, que «el convenio definitivo parecía asombrosamente generoso en algunos sentidos e intolerablemente vengativo en otros».

Según Donald Spoto, Diana recibió el equivalente a 28 millones de dólares en efectivo. La inversión de este dinero, según el autor, le garantizaba ingresos anuales de medio millón de libras para el resto de su vida con los que tendría que cubrir los cincuenta mil dólares anuales para vestidos, los quince mil dólares anuales para peluquería y el mantenimiento de belleza, y los cuarenta mil dólares anuales para vacaciones.

¡El cuarto... divorcio!

También se le otorgó el permiso para retener lo que había sido su hogar, el palacio de Kensington, en Londres. Pero posiblemente ahí viene la venganza a la que se refiere el autor: tenía que renunciar a su posición de alteza real para ser simplemente Diana de Gales, o princesa Diana de Gales, simplemente eso.

Anteriormente nos hemos referido a que Diana no se olvidaba de que, aunque ya no iba a ser la reina consorte de Inglaterra, siempre sería la madre del futuro rey de Inglaterra, su hijo el príncipe Guillermo. Ella, en una conversación que tuvo con un periodista refiriéndose a los títulos que les habían quitado, comentó: «No necesito más títulos. Nací con uno pero, además, el día en que mi hijo suba al trono podría devolverme esos privilegios.» Y con respecto a las joyas, sabía que podría utilizarlas aunque luego fueran devueltas a la corona.

El miércoles 28 de agosto, exactamente a las 10.27 de la mañana se aprobó el decreto final de divorcio, y

Diana Frances Spencer Windsor se convirtió en madre soltera. También en un miembro más de la Familia Real, cuyo matrimonio había acabado en divorcio, junto con la princesa Margarita, la hermana fallecida de la reina, y con la princesa Ana, y con el príncipe Andrés...

La dignidad de la reina

Nunca olvidaré la imagen de la reina Isabel, la única que mantuvo la dignidad en medio de aquella histeria colectiva del mundo entero por la trágica muerte de Diana. Vestida de riguroso luto, inclinó la cabeza al paso del féretro que contenía los restos de la mujer que tanto la había humillado y que tanto daño había hecho a la institución, a la corona, a la familia Windsor. Fue un saludo discreto, pero humillante, que fue difundido al mundo entero por la televisión aquel 6 de septiembre de 1997. Sirvió para afianzar la tesis, equivocada, que barajaba la prensa internacional, de que Diana había ganado al final la batalla a los Windsor con el solo poder de su inmensa y abrumadora popularidad. Eso se creía. Porque años después de su muerte y a pesar de las palabras de su impresentable hermano, el conde Spencer, de que «existe la tendencia a canonizar su nombre», este ha quedado escrito en el agua de un río que se llevó su recuerdo. La prueba: la boda de su hijo Guillermo en 2011, en la que nadie se acordó de ella, de aquella muchacha que creyó haber encontrado al príncipe de sus sueños y solo halló la pesadilla de su vida, la que la condujo a la muerte.

Haciendo de tripas corazón

No puedo finalizar este capítulo sin reproducir aquí las palabras, mesuradas y con una voz controlada que expresaba cabalmente su estilo, que la reina Isabel pronunció el viernes 5 de mayo de 1997, víspera de los funerales de Diana.

Fue un discurso redactado por el equipo de Tony Blair, el hombre que acuñó el ridículo título de «princesa del pueblo»:

> Desde la dolorosa noticia del domingo pasado hemos visto en Gran Bretaña y en el mundo una abrumadora expresión de tristeza ante la muerte de Diana. Todos hemos tratado de enfrentarla a nuestro modo.
>
> No es fácil expresar la sensación de pérdida, pues la conmoción inicial a menudo es sucedida por sentimientos confusos: incredulidad, incomprensión, cólera y preocupación por los que han quedado.
>
> Todos hemos sentido estas emociones en estos días. Lo que diré ahora, pues, como reina y como abuela, lo diré desde el corazón.
>
> Primero, deseo rendir un tributo personal a Diana. Era un ser humano excepcional y talentoso. En

buenos y malos tiempos, nunca perdió su capacidad para reír y sonreír, ni para inspirar a otro con su bondad y calidez.

Yo la admiraba y respetaba por su energía y compromiso con los demás y, especialmente, por su devoción a sus dos hijos.

Esta semana, en Balmoral, todos hemos tratado de ayudar a Guillermo y a Enrique a sobrellevar la devastadora pérdida que ellos y los demás hemos sufrido.

Nadie que conociera a Diana la olvidará jamás. Será recordada por millones de personas que nunca la vieron personalmente pero tenían la sensación de conocerla. Yo, por mi parte, creo que podemos aprender nuevas lecciones de su vida y de la extraordinaria y conmovedora reacción ante su muerte.

Comparto vuestra determinación de honrar su memoria.

Esta es también una oportunidad para que yo, en nombre de mi familia y sobre todo del príncipe Carlos y de Guillermo y de Enrique, agradezca a todos los que han traído flores, enviado mensajes y de tantas maneras han presentado sus respetos a una persona notable. Estos actos de bondad han sido una enorme fuente de ayuda y consuelo.

Nuestros pensamientos también están con la familia de Diana y la familia de quien murió con ella.

Sé que también ellos han hallado consuelo en lo que ha sucedido esta semana mientras procuran sanar sus penas y enfrentarse al futuro sin un ser querido.

Espero que mañana todos podamos, donde quiera que estemos, compartir la expresión de nuestra pesadumbre por la pérdida de Diana y nuestra gratitud por su plena aunque breve vida.

Es una oportunidad de mostrar al mundo entero una nación británica unida en el pesar y el respeto. Que los muertos descansen en paz y todos y cada uno de nosotros podamos agradecer a Dios por alguien que hizo feliz a tantas personas.

Muy generoso el discurso. Posiblemente no expresaba lo que sentía. A la reina Isabel, la muerte y la vida de Diana la había indignado. Y el día que supo de su fallecimiento, su primera reacción fue decidir que una funeraria se encargara de todo. La presión popular, el histerismo de los británicos y también, por qué no, de Tony Blair la obligó no solamente a comparecer ante la televisión haciendo de tripas corazón con la lectura de ese discurso, a veces tan poco sentido, sino también a humillarse inclinando la cabeza ante el paso del féretro que recorría las calles de Londres. También la obligaron a que Diana tuviera lo que no se merecía porque ya no pertenecía a la familia: unos funerales de Estado.

6

DIVORCIOS MONEGASCOS

Carolina y Junot

El 29 de junio de 1978 tenía lugar en Montecarlo una de esas bodas llamadas, más que del año, del siglo: la de su alteza real la princesa Carolina de Mónaco con Philippe Junot.

El 9 de agosto de 1980 la directora de la oficina de prensa del palacio de sus altezas serenísimas los príncipes soberanos Rainiero II y Grace confirmaba, de una manera oficial, la separación matrimonial de la princesa y el señor Junot.

En octubre de 1980, un tribunal del principado pronunciaba la sentencia de divorcio.

¿Qué había pasado para que en dos años y cuarenta y un días el matrimonio más admirado y seguido por la opinión pública y publicada del mundo entero, superado en intereses mediáticos solo por el del príncipe Carlos y lady Di, tuvieran aquel imprevisto y dramático final?

Como diría el gran García Márquez, fue tan solo la historia de la muerte de un matrimonio anunciada desde el mismo día de la boda. Tan anunciada estaba que cuando la princesa española Tessa de Baviera, invitada a la ceremonia del principesco enlace, se acercó a felicitar al príncipe Rainiero, el padre de la novia, este le respondió: «Mejor sería que me dieras el pésame.»

Carolina solo tenía diecisiete años cuando se enamoró de un hombre, Philippe Junot, dieciocho años mayor que ella y sin profesión conocida. Se dedica a las inversiones, se decía.

James Spada, autor de *Grace Kelly. Las vidas secretas de la princesa* (Ediciones B, 1987), escribió: «La única e incuestionable etiqueta que se le podía poner, sin pensarlo dos veces, era la de *playboy*.» La joven y ya rebelde princesa se sintió fascinada por aquel hombre maduro que le hacía perder la cabeza. Era su primer y desgraciado amor que tanto la marcaría, arruinando su vida. También la de su madre, la princesa Grace.

Aquella relación la desestabilizó de tal manera que las fotografías de sus pechos desnudos fueron las primeras de una princesa contempladas por el mundo entero. En ellas aparecía Carolina desnuda, en la cubierta de un yate, mientras Junot le besaba los pechos.

Años después, la fotografía de otra princesa, Sarah, casada ella con el príncipe Andrés de Inglaterra, en *topless* en una playa de Saint Tropez, junto a un hombre que le besaba los pechos en presencia de sus hijas, sería suficiente para expulsarla del palacio real de Inglaterra y de la Familia Real.

En el caso de Carolina, estas imágenes supusieron un paso más, para tapar la vergüenza hacia un matrimonio al que tanto el príncipe Rainiero como la princesa Grace se oponían de una forma frontal. «Lo mejor que podían pensar de él es que era un frívolo y un irresponsable. Lo peor no quería ni pensarlo», escribió James Spada.

La rebeldía de Carolina llegó a tal extremo que amenazó a sus padres con irse a vivir con Junot si no autorizaban el matrimonio. Para evitar males mayores, que los hubo, aceptaron que se casaran. Pero con una condición: esperar un año para que la princesita acabara sus estudios en la Sorbona, estudios que nunca finalizó porque ni tan siquiera pasó nunca por la universidad.

Por aquello de tener la fiesta familiar en paz, la pareja hizo como si aceptara la petición de los príncipes de Mónaco, pero nueve meses más tarde, la decisión de casarse, pasando por encima de la voluntad de Grace y Rainiero, se había gestado ya.

Y Carolina dio su ultimátum a sus padres: «Me caso. Si no lo autorizáis no os desobedeceré, simplemente me iré a vivir con él.»

Grace reconoció que su hija «estaba forjando su propia ruina», y estaba convencida de que el matrimonio de su hija con aquel canalla no duraría más de dos años. No se equivocó: dos años y cuarenta y un días.

Y se casaron

Dos obispos, veintiocho pequeños cantores acompañados al órgano por su maestro de capilla, un diácono, cuatro sirvientes y un centenar de invitados compusieron el marco social del matrimonio religioso de Carolina de Mónaco y Philippe Junot, que ganó en calor humano lo que perdió —para ser una boda principesca— en magnificencia.

Se celebró, como la reciente boda del príncipe soberano Alberto con Charlene Wittstock, en el patio de Honor del palacio Grimaldi inundado de sol, y no, como se había previsto en principio, en la capilla del palacio, cuyo reducido tamaño no se prestaba a la ceremonia.

Entre los invitados se encontraban los condes de Barcelona, padres del rey don Juan Carlos, los condes de París, el ex rey de Italia, los duques de Orleans, el príncipe Fouad y los actores David Niven, Cary Grant y Ava Gardner, así como el hijo mayor del presidente de la República Francesa, Giscard d'Estaing.

La homilía fue pronunciada por el reverendo Gilles Barthe, obispo de Frejus, quien, en otro tiempo, como obispo de Mónaco, bautizó a la princesa Carolina después de haber bendecido también la unión de sus padres, los príncipes Grace y Rainiero.

«Vais a pronunciar —dijo el prelado— un sí cuya gravedad no ignoráis. Será el sí de la esperanza, porque vuestra elección de lectura bíblica lo demuestra, no es el día de la facilidad. Va a ser recibido por Aquel que une los corazones. Ninguna ley humana podrá prevalecer sobre la que Él ha impreso en vuestras almas.»

Luego, después de interrogar conforme al ritual para saber si los esposos se comprometían «libremente y sin coacciones» y si aceptaban «las responsabilidades de esposos y de padres», el anciano obispo de Mónaco administró el sacramento: «En presencia de Dios, ante todos los presentes, tomaos las manos y expresaos mutuamente vuestro consentimiento. Carolina Luisa Margarita, ¿queréis tomar por esposo a Philippe Junot para amarle fielmente, en la felicidad y en la adversidad durante toda vuestra vida?» Sonó el *Ave María* mientras el obispo bendecía los anillos. Después impartió la bendición nupcial y los esposos comulgaron.

Un hombre vuela sobre la boda

Algunos momentos antes se había producido un incidente, anunciado por chillidos de gaviotas atemorizadas. Con la intención de sacar una fotografía insólita, un audaz fotógrafo no había dudado en lanzarse, sujeto a un ala delta, por encima del patio de Honor, sobre el cual planeó dos o tres segundos. Hay que decir que Grace y Rainiero prohibieron el acceso a los reporteros de prensa, ya que habían vendido la exclusiva de la boda de su hija a un fotógrafo americano que lo fue de Grace cuando era actriz de Hollywood. Fue la única nota discordante de la boda. Pero ya era conocida la afición que por el dinero sentían sus altezas reales serenísimas.

A mediodía, el reloj de la torre del palacio Grimaldi marcaba las 12.25 cuando su alteza, la princesa Carolina, y su marido, Philippe Junot, franqueaban el porche del patio de Honor. Acababa de realizarse su matrimonio religioso.

Comenzaba entonces para los recién casados el baño de multitudes.

Atravesaron lentamente la plaza entre una doble hilera compacta, formada por monegascos, habitantes del principado, y turistas que aplaudieron al unísono y lanzaron puñados de arroz a manera de talismán sobre la princesa y su esposo.

A la una y media, el baño de multitud había terminado. Su duración: una hora larga. Los esposos, sus familiares y los invitados se dirigieron al interior del palacio, donde iba a tener lugar el almuerzo de la boda en los jardines.

Como nota curiosa hay que señalar que todos los monegascos nacidos en 1957 (año en que nació la princesa Carolina) fueron invitados a la comida que se celebró después de la ceremonia religiosa.

Veintiséis meses de matrimonio

Carolina, que había descubierto tiempo atrás el placer de vivir peligrosamente, tenía ahora, con su alegre marido, más facilidad que nunca para bordear el abismo. La vida de ambos continuó en las noches de París, las noches de Nueva York, las casas de moda y los clubes nocturnos de medio mundo.

La boda no hizo cambiar las costumbres de Junot, que siguió frecuentando a sus amigas, y más tarde, como respuesta, Carolina comenzó a pasear sus desventuras matrimoniales en los brazos de otros hombres.

La vida que llevaban Carolina y su marido no complacía en modo alguno a Grace, que preveía que ese matrimonio, al que siempre se había opuesto, no duraría mucho.

En mayo de 1980, Carolina ya no podía ocultar por más tiempo sus angustias. Estaba destrozada por lo sucedido en su vida. No quería hablar con sus padres de lo que ellos ya sabían acerca de Junot: públicas infidelidades que en algunos momentos fueron mutuas, malos tratos, drogas... «Creo que Rainiero le hubiera retorcido el pescuezo hasta acabar con el señor Junot si hubiese aparecido», declaró Rupert Allan, gran amigo de la familia.

Ya a principio de 1979 hubo un conato de escándalo cuando, hallándose la princesa en la localidad de Gstaad con sus padres, mientras su marido se había trasladado a Norteamérica en «viaje de negocios», apareció en la prensa internacional una fotografía de Philippe Junot bailando con cierta antigua amiga suya, Agneta von Furstenberg, en una célebre discoteca de

Nueva York. Escándalo que se renovó en noviembre al dejarse ver ya entonces con la bella costarricense Giannina Facio, en Estados Unidos también, en otro «viaje de negocios».

Fue el 8 de agosto cuando, al participar Carolina, sin su marido, en la gala anual de la Cruz Roja monegasca, aparecían en diversos órganos de la prensa europea fotos de Junot con la ya referida Giannina Facio, en París primero y en Turquía después. Por este motivo se intensificaron los comentarios en torno a las desavenencias de la pareja.

¡El divorcio!

El 10 de agosto de 1980, a los 26 meses de la boda, un comunicado hizo pública la ruptura matrimonial: «La princesa y el señor Philippe Junot dan por finalizado su matrimonio.»

El Tribunal de Revisión Judicial del principado de Mónaco declaró disuelto, el 9 de octubre de 1980, el matrimonio entre su alteza la princesa Carolina de Mónaco y el señor Philippe Junot.

Con este lapidario comunicado, de una sola frase, se hizo saber que la unión conyugal entre la primogénita de los príncipes soberanos Rainiero y Grace y el discutido hombre de negocios y notorio *playboy*, Philippe Junot, había dejado de existir a efectos civiles. La sentencia de divorcio fue pronunciada solo seis días después de haberse presentado la demanda. En ella no se hacían constar los motivos por los cuales se había llegado a la misma. Carolina y Junot se habían reunido el 3 de octubre para el encuentro de reconciliación de costumbre en tales casos —y que generalmente suele reducirse a mero trámite— en el palacio de Justicia de Mónaco, por primera vez desde el anuncio oficial de su separación, emitido en agosto.

Aquella cita se había preparado con gran secreto, y con todas las precauciones imaginables para que pasara inadvertida: la policía adoptó medidas especiales, inspeccionó metro a metro las salas del palacio de Justicia para cerciorarse de que no se habían ocultado en ellas micrófonos ni aparatos cinematográficos ni televisivos.

Carolina fue la primera en entrar en el despacho del presidente del Tribunal de Apelación, Norbert François, donde fue recibida por Raoul Combaldieu, primer presidente del Tribunal de Revisión Judicial del principado. Combaldieu escuchó seguidamente a Philippe Junot.

De acuerdo con el estatuto especial de la familia reinante, correspondía, en efecto, al presidente del Tribunal de Revisión Judicial escuchar por separado las partes, con objeto de llevar a buen término el antes referido intento preliminar de reconciliación. Normalmente, en aquel pequeño Estado, tal diligencia corre a cargo del presidente del tribunal de primer grado. Fue Junot quien después había de contarle a una periodista francesa que le preguntó si en aquella ocasión se hablaron él y Carolina: «Somos personas bien educadas y nos dimos la mano. Carolina se mostró muy digna y muy reservada. El presidente del tribunal nos hizo algunas preguntas. Después de un cuarto de hora, cada cual se fue por su lado.»

Ni Carolina ni Junot se hallaban presentes en la audiencia cuando se leyó la sentencia que ponía fin a su matrimonio.

De la princesa dijo *France Soir* que se encontraba en Cerdeña con sus padres. La rapidez con que se había llevado a cabo el procedimiento del divorcio sorprendió a los ciudadanos de Mónaco.

La nulidad matrimonial y el Vaticano

Un portavoz de palacio, respondiendo a preguntas de los periodistas, declaró que la familia reinante en el principado no había iniciado gestiones para que la Santa Sede declarara la nulidad del matrimonio, en ese momento simplemente disuelto. Comentábase al respecto, en medios autorizados, que si tal cosa se produjese se solicitaría en primera instancia a un tribunal de la diócesis de Mónaco, en apelación a otro de la diócesis de Niza, y finalmente al de la Rota, el tribunal del Vaticano.

Mientras todo esto sucedía, la princesa Grace pactaba con Junot una separación satisfactoria para ambas partes. De los trámites legales se encargaría uno de los más prestigiosos bufetes jurídicos de París. Comentando este tema, la prensa alemana e inglesa publicó que Junot había recibido presuntamente de la familia Grimaldi unos 80 millones de las antiguas pesetas, y una pensión mensual de 200.000, pudiendo quedarse con el apartamento de París, de seis habitaciones y valorado en 60 millones de pesetas, donde él viviera con su esposa, así como con el mobiliario, antigüedades contenidas en el mismo más la mitad de los regalos de boda, comprometiéndose eso sí, a cambio, mediante documento notarial, a guardar silencio sobre su matrimonio con Carolina.

En sus memorias, publicadas en la revista *Hola*, Junot, que no respetó esta cláusula que había firmado con Grace, escribía: «En ocasiones me he preguntado si llegué a conocer realmente a Carolina antes de casarme con ella. Siempre me he dado la misma respuesta: quizá no.»

Con respecto a la opinión que la princesa Grace tenía de él, escribe: «Grace tuvo el tiempo suficiente para juzgar qué tipo de persona era yo y, con seguridad, podía haber encontrado el medio de ordenar a su hija la ruptura de nuestras relaciones o, al menos, intentar demostrarle que yo no era un hombre adecuado para ella.» En una carta a Don Richardson, otro gran amigo de la princesa Grace, esta reflejaba una tremenda soledad. Era una carta muy triste. Se sentía muy desgraciada.

Aún quedaba otro obstáculo que salvar: el Vaticano.

Para borrarlo, nada mejor que una nulidad que ratificara la inexistencia de aquella etapa que hizo sentir a su hija uno de los amores más amargos de su vida. Volvió a mover todos los hilos y su influencia y su dinero, pero acabó muriendo sin ver un feliz desenlace, un año antes de que Carolina conociese a Stefano Casiraghi. Murió también sin llegar a conocer a su primer nieto, quien nacería un año y diez meses después de su trágica desaparición. Al morir su madre, el primer hombre que acudió a consolar a Carolina fue un viejo amigo, Roberto Rossellini, hijo del director de cine del mismo nombre y de la no menos famosa actriz Ingrid Bergman.

¿Se trataba de otro hombre en su vida?

Mientras Carolina iba rehaciendo poco a poco su maltrecha vida sentimental, Roberto la acompañaba a los Alpes en invierno o al Mediterráneo en verano. La familia Grimaldi, mejor dicho, el príncipe Rainiero, que era el único que quedaba, parecía aprobar aquella relación o, al menos, no se oponía. Pero se equivocó. Porque Carolina fue vista poco después con el famoso tenista argentino Guillermo Vilas, con quien vivió un breve pero intensísimo romance.

«¿Y Roberto Rossellini?», se preguntaba la gente. «Él siempre será mi amigo, mi mejor amigo», respondía Carolina.

Como se esperaba y conociendo a la princesa, lo de Guillermo Vilas solamente fue una aventura más. El tenista desapareció y reapareció Roberto Rossellini como si nada hubiera ocurrido. Sin embargo, unas fotografías de Roberto con una joven modelo en las playas de una isla griega despertaron unos tremendos celos en Carolina, que le suponía en un viaje de negocios. Enfurecida, realizó un viaje a Italia, donde conoció a Casiraghi. Por despecho o por amor, Carolina quedó embarazada, y el príncipe Rainiero, que no había conseguido acelerar el proceso de nulidad, ya que por tratarse de una Familia Real el papa debía nombrar un tribunal especial, autorizó a que su hija se casara rápidamente aunque fuera por lo civil. Un nuevo matrimonio, un nuevo fracaso.

ESTEFANÍA Y SUS BODAS...

Voy a intentar resumir la vida sentimental de esta princesa tan atípica. Dudo que lo consiga.

Como dijo uno de sus numerosos amantes, Rob Lowe, «no hay quien la siga»; otro, Anthony Delon, declaró: «En el terreno de la infidelidad es una experta»; y Mario Oliver, por su parte, opinó: «Es una niña caprichosa. ¿Tenerla como esposa? No, gracias.» Y Christopher Lambert, «Los hombres son un juguete para ella». «No tiene sentido de la medida», declaró Paul Belmondo, su primer amor, que se sepa. Cada vez que conocía a un hombre, cada vez que se enamoraba, lanzaba a los cuatro vientos que se trataba del verdadero amor de su vida.

Posiblemente, ello se debía a que desde muy pequeña siempre rechazó las obligaciones de su rango, aunque vivió de ser quien era por nacimiento.

Desde que nació el 1 de febrero de 1965 —«¡Dios mío, si parece un chico!», exclamó la princesa Grace al verla—, fue una niña rebelde.

Este autor tuvo la oportunidad de asistir a su bautizo, cuarenta y un días después, en medio de un temporal de agua y frío. La pequeña ya apuntaba maneras con su primer acto de rebeldía: orinarse sobre el cardenal Tisserand, llegado desde Roma para tal ocasión.

No es mi deseo recoger aquí la biografía de la princesa Estefanía, de sobra conocida. Sino sus avatares sentimentales y sus dos matrimonios, el 1 de julio de 1995 el primero y el 12 de septiembre de 2003 el segundo, que acabaron en divorcio, y entre los dos una relación de la que nació una niña.

Aunque su madre quiso para su hija un príncipe azul, la joven no iba por ese camino. Ella era una chica del asfalto.

Si su hermana Carolina fue la primera princesa de Familia Real reinante que escandalizó al personal por amores y amoríos inadecuados y por su matrimonio con Philippe Junot, Estefanía la superó con creces por la amoralidad y desvergüenza de sus relaciones. Se desconocía el número de amantes que jalonaban su joven vida: ¿diez?, ¿quince?... Hay quien contabiliza hasta diecisiete. Todos tan intensos como efímeros.

El primero no fue como equivocadamente se ha publicado Paul Belmondo, hijo del famoso actor francés, sino el aristócrata Urbano Rierio Sforza Barberini Colonna, cuatro años mayor. Estefanía solo tenía... catorce años.

Con él comenzó a frecuentar locales nocturnos y a emborracharse. La princesa sufría la primera decepción, la primera traición: Urbano vendió la historia del romance a una revista italiana.

Petición de mano... sin boda

El primer novio oficial fue Belmondo, que coincidió con la trágica muerte de la princesa Grace. Antes de fallecer tuvo que oír de labios de su hija, que acababa de cumplir los dieciséis años, que estaba muy enamorada, más enamorada que nunca. Pero este gran amor, esta gran pasión, como todos sus amores y todas sus pasiones, tuvo fecha de caducidad a corto plazo. Justo el momento en que apareció Yves Le Fur, de 26 años, agente inmobiliario e hijo de un conocido arquitecto francés, que fue su último amante y que pudo ser su primer marido. Incluso llegó a anunciarse la boda para el mes de junio de 1990.

La invitación a la cena de compromiso decía:

> Estefanía y Jean-Yves les invitan a sus esponsales y les ruegan que asistan para compartir su felicidad el sábado 21 de abril, a las 21 horas, en Au Telegraphe, 41, Rue de Lille, París.

Aunque no fue una petición de mano oficial, a la cena acudieron sus hermanos la princesa Carolina y el príncipe Alberto. Y ochenta invitados más.

La revista *Hola*, siempre tan respetuosa con los Mónaco, escribió a propósito de esta cena: «Diversas circunstancias favorables hacen pensar en una relación definitiva. Estefanía nos presenta al hombre que ama... "Estamos felices juntos. Las cosas sucederán como tengan que suceder."»

Pues más bien fue que no. A pesar de que le regaló de pedida una valiosísima sortija de brillantes, se cuenta que el solitario llevaba grabadas las iniciales de los dos. Pero el novio o amante anterior, Mario Oliver, un *playboy* francés que se había casado dos veces y tenía una acusación por violación, le había grabado no en un anillo sino en el culo de la princesa... su nombre. Le Fur, lleno de celos, le conminó para que se quitara el tatuaje antes de la boda. Aunque se retrasó por tres veces el casamiento, la ceremonia nunca llegó a celebrarse.

Aparece el primer guardaespaldas: Ducret

Como hija del príncipe soberano de Mónaco, Estefanía siempre contó con la protección de un servicio de seguridad allá donde iba. Y pronto se convirtió en una experta en el arte de seducir a los guardaespaldas. Al principio, para hacerles cómplices de sus escapadas y correrías. Aunque lo intentaban, no podían con ella. Y más tarde se dedicó a provocarles, a enamorarles. Daniel Ducret fue el primero. Se trataba de un joven de veintinueve años, dueño de una pescadería en la localidad francesa de Menthon, divorciado de su primera mujer, Sandra, y padre de un niño de cuatro meses nacido de una relación larga con otra mujer, Martina.

Daniel Ducret era escolta del príncipe Alberto. Como tal le acompañó a Nueva York, donde tenía que participar en una velada organizada por la Fundación Princesa Grace. Estefanía también estaba allí. Y se produjo el flechazo sin tan siquiera haber intercambiado una sola palabra.

Días después volvieron a coincidir en el Gran Premio de Fórmula 1 de Mónaco. Ella comenzó a provocarle con miradas.

El primer encuentro clandestino, a solas los dos, tuvo lugar en el hotel Loewe de Montecarlo, en donde la princesa lo había citado.

¿Qué tengo yo que no tengan otros para merecer esta suerte?, se preguntaba el ingenuo Ducret posiblemente ignorando que había habido tantos otros. Pasaron cinco horas amándose. Exactamente desde las 2.00 de la madrugada hasta las 7.00 de la mañana.

Esto sucedió en marzo de 1990. Estefanía se encontraba preparando ya su boda con el francés Le Fur, cuyo compromiso se hizo público en París como ya hemos referido antes. Al parecer renunció a casarse porque ya se encontraba locamente enamorada del guardaespaldas.

El 4 de agosto de 1992, Estefanía declaró a la prensa: «Es cierto que estoy esperando un hijo para el mes de noviembre. El padre es Daniel Ducret, un guardaespaldas de mi familia. Es un hijo deseado.»

Y como había anunciado, el 26 de noviembre de 1992 Estefanía daba a luz su primer hijo, un niño, Louis.

La primera boda

Estefanía no solo anunciaba su maternidad sino que se planteaba una boda futura —más bien por la Iglesia—, si su padre y las autoridades eclesiásticas monegascas lo aprobaban. Si no, por lo civil, cosa que podría acarrear problemas de mayor envergadura porque el principado de Mónaco es un estado confesionalmente católico y muy vinculado a los dictámenes papales.

A propósito de este tema de la boda, en el transcurso de una entrevista concedida tras anunciar el primer embarazo, Estefanía declaró: «Casarse por la Iglesia es una tradición. Es bonito. Se hace sobre todo para la familia y por la familia. Pero creo que el día de nuestra boda estaremos verdaderamente solos, o casi solos. No queremos recepciones ni grandes ceremonias.»

Preguntada sobre si su padre desearía una boda religiosa contestó: «Creo que me dejará elegir. Si hago una boda religiosa estoy segura de que estará encantado, pero si decido otra cosa, no es algo grave. Es verdad que hemos sido educadas cristianamente, por parte de mi madre, que pertenecía a una antigua familia católica irlandesa. De las de ir a misa todos los domingos. Desde entonces y por respeto a mi familia voy de vez en cuando. Pero creo que no se es mejor cristiano por ir todos los días a la iglesia.» «Personalmente —intervino entonces Daniel, presente en la entrevista—, yo no he hecho la primera comunión ni la confirmación. Fui bautizado, eso sí, pero más tarde mis padres me dejaron elegir. Pero no es algo que me preocupe.» Además, Ducret no tenía la nulidad de su anterior matrimonio. Seguía siendo un hombre divorciado, lo que hacía imposible una boda canónica.

Luis G. de Linares, director entonces de la revista *Semana,* se preguntaba si debíamos dar o no la enhorabuena al príncipe Rainiero por el embarazo de su revoltosa hija Estefanía. «Con los datos objetivos de que dispongo, creo que lo prudente, por ahora, es no darle la enhorabuena. Se le puede suponer respetuosamente, un cabreo monumental. Puestas las manos en la masa, el que hace un pan puede hacer dos.»

No se equivocaba. Porque el 4 de mayo de 1994 Estefanía daba a luz a su segundo hijo, una niña bautizada con el nombre de Pauline. Fueron cinco años de amor y dos hijos en común.

Rainiero acepta a Ducret

«Desde que estoy embarazada mi carácter ha adquirido más madurez y responsabilidad», reconocía Estefanía. ¡Menos mal!

En 1994, ya conformada la familia tipo, el príncipe Rainiero no tuvo más remedio que aceptar a Ducret. Pero le puso varias condiciones para el casamiento: que aprendiera la historia del principado y la de Francia; que supiera distinguir los distintos títulos nobiliarios; que aprendiera idiomas; que cuando hablara con él le llamara «mi señor», y que cuando se dirigiera a su cuñado, el príncipe Alberto, le llamara su alteza serenísima. Pero sobre todas las cosas, que mostrara en público un comportamiento ejemplar. Ducret dijo a todo que sí.

La boda se celebró el 1 de julio de 1995 a las 20.30 horas en la mayor intimidad.

Sexo en todas sus variantes

El guardaespaldas cumplió casi todo. Menos un comportamiento ejemplar en público. Porque cuando parecía que Estefanía había alcanzado finalmente la paz, en agosto de 1996, el muchacho apareció en varias revistas haciendo el amor en todas las variantes del Kamasutra (sexo oral, sexo anal, cunnilingus, etc.), en una piscina del principado con una ex prostituta y ex miss, belga, desnuda, llamada Fili Houteman.

Las fotos eran espectacularmente sucias. La joven declaró que el marido de la princesa la buscó y le declaró que la amaba. Ante tal humillación pública no había posibilidad de pública reparación, por lo que la princesa le dijo a Ducret, con una frialdad que él no conocía: «Voy a pedir el divorcio.» Y este le fue comunicado por medio del abogado de la Casa Real, Thierry Lacoste.

El divorcio se pronunció en enero de 1997. Ducret perdió la custodia de los hijos y se estableció el régimen de visitas para Louis y Pauline. Desde entonces prácticamente no volvió a pisar el principado.

Desde ese día los titulares de todas las revistas eran del tipo: «Estefanía destrozada...» «Las lágrimas de Estefanía»... «Estefanía, otra vez sola»...

Otro guardaespaldas

Como suele suceder tras un desengaño de la categoría del sufrido por Estefanía, esta se juró no volver a enamorarse y dedicar su vida a los hijos que le había dejado tan desgraciado matrimonio, y también a su padre, el príncipe Rainiero, «el único hombre que nunca me ha traicionado».

Pero con la princesa solo había que pedir tiempo al tiempo para demostrar si era capaz o no de vivir sin un hombre a su lado, pero sobre todo sin un hombre en la cama. Y... no pudo.

No hacía mucho que otro nuevo guardaespaldas había entrado a formar parte del servicio de la princesa. Ya lo era cuando Estefanía aún estaba casada con Ducret. Su nombre, Jean Raymond Gottlieb.

Tras el divorcio, en enero de 1997, el escolta se dio cuenta de que Estefanía se mostraba excesivamente solícita con él. Cuando coincidían en algún acto, ella no le quitaba la mirada de encima. Llegó a ser tan incómodo para él que, en la primavera de ese año, pidió ser retirado de sus funciones. Pero llegado el verano volvieron a verse: ¿casualmente o porque ella le buscó? Lo cierto es que, desde esa fecha se hicieron inseparables. Hasta que fueron fotografiados en Auron, una localidad donde Estefanía tenía una casa. La fotografía los mostraba abrazados y besándose.

«¡Otro guardaespaldas! ¡Como si no hubiera tenido suficiente escarmiento con la deslealtad de Ducret!», opinaba la gente.

La historia de este nuevo amor duró hasta marzo de 1998, tras hacerse público... el embarazo de la princesa.

El escándalo se produjo cuando apareció junto a su familia en el Baile de la Rosa, embarazada de... cinco meses. Aquella muchacha no tenía vergüenza.

Poco después se la vio, con su ya abultado vientre, en una zona comercial de Montecarlo, comprando ropa para el bebé. Sola, con una inmensa tristeza reflejada en su rostro. Era la viva imagen de la desolación. Por primera vez en sus 33 años, parecía darse cuenta del inmenso error que había cometido.

El escándalo en el principado fue grande, y la vergüenza en el seno de la familia, dramática. Rainiero, enfurecido y al mismo tiempo deprimido, no sabía cómo reconducir el descontrolado comportamiento de su hija. Nuevos escándalos, nuevos reproches familiares, nuevas tragedias, lágrimas y mucho sufrimiento.

Madre soltera y... abandonada

El embarazo, a diferencia de los dos que tuvo de Ducret, no trajo la felicidad a la pareja. Muy al contrario. Parecía que al escolta se le había ido el tema de las manos y no quería asumir las responsabilidades de una paternidad no deseada. Se trataba de un joven modesto, de 30 años, serio, discreto, que no deseaba la fama de Estefanía y renunció a su puesto como policía monegasco.

Jean Raymond y Estefanía rompieron su relación el 15 de marzo. No se les volvió a ver juntos. Desde ese día la princesa se convirtió en una madre soltera y... abandonada.

«Nada que ver con aquella mujer explosiva y desafiante que lucía los sucesivos embarazos colgada del brazo de Ducret», se leía en un reportaje publicado en la revista *Semana*.

El día 15 de julio de 1998, Estefanía daba a luz, a las 9.23 de la mañana y tras una operación de cesárea, a una niña.

La princesa llegó al hospital Princesa Grace de Mónaco acompañada del padre de la niña, aunque este se marchó inmediatamente. Regresó con la autorización de entrar en la sala de parto. Por la tarde fue visitada por su padre, el príncipe Rainiero, que llegó acompañado de su hijo, el príncipe Alberto.

Louis y Pauline, los hijos habidos con Ducret, se encontraban con su padre en Saint Tropez, quien se hizo cargo de ellos para facilitar el parto de la madre.

Aunque Jean Raymond reconoció a su hija, la pequeña fue inscrita en el registro civil con el nombre de Camille Maria Kelly, el apellido de su madre. El ex guardaespaldas declaró que toda esta situación le había superado, afirmando no encontrar su lugar en la vida al mismo tiempo caótica y privilegiada de Estefanía.

Su vida era un circo

Hay vidas que no tienen arreglo. Incluso suelen ir de mal en peor. Tal es el caso de la de Estefanía, en cuya biografía se ha perdido la cuenta de cuántos hombres han pasado, unos por su vida, otros simplemente por su cama.

Después del fracaso con los dos guardaespaldas de los que solo quedaron tres hijos, cualquier cosa podía esperarse de la rebelde e inmoral princesa, vergüenza pública del principado, pero sobre todo de su padre, el venerable anciano Rainiero, ya por aquel entonces gravemente afectado por una enfermedad que le conduciría a la muerte. No hay duda de que la existencia de la joven era un circo, en el más amplio y exacto sentido de la palabra. Porque ella, como su familia, ha sido tan amante de este espectáculo que el Festival Internacional del Circo fue incluido entre los grandes eventos del principado, junto al Baile de la Rosa.

En 1987 Estefanía entregó el más importante galardón a Franco Knie, propietario del circo Knie. Dicen que ahí arrancó la historia de un nuevo amor entre la benjamina de Rainiero y el empresario suizo. Verdad o mentira, lo cierto es que en noviembre de 2001, Estefanía se marchó a vivir con Franco Knie en un remolque bautizado con el nombre de «Palace». Se trataba de un «Caravelair», modelo 645, con un valor de 30.00 dólares de entonces.

En ese remolque empezó a compartir una vida ambulante con sus tres hijos, «caminando una vez más por el lado peligroso de la vida», como escribió Beatriz Sartori en *El Mundo*, quien recuerda que «de herencia le viene al galgo». En una biografía de Grace escrita por Robert Lacey se leía que «un primo lejano de Rainiero, Josep Grimaldi, fue payaso en el Covent Garden en el siglo XIX. Y los historiadores lo consideran el padre de los clowns». Según confesó Estefanía a *Paris Match*, «El sueño secreto de mi padre era ser director de un circo. De él he heredado su pasión».

Como este libro está dedicado a matrimonios que terminaron en divorcios, no vamos a prestar mucha atención a esta aventura circense del «más difícil todavía». Solo reseñar que la princesa rebelde creyó haber encontrado de nuevo el amor, a sus 36 años, junto a un domador de elefantes por el que se dejaba besar y abrazar en público delante de sus tres hijos. No hay duda de que el hecho de irse a vivir con Franco Knie a su caravana de circo era una muestra de amor más que suficiente.

Pero cuando pretendió casarse, la segunda ex esposa del domador, Claudine, se negó a concederle el divorcio y empezaron los problemas.

Estefanía se preguntaba ¿para qué prolongar la agonía? Ante esta dificultad le anunció a su compañero que no volvería a vivir con él. Y que para ella y los niños el circo había terminado definitivamente.

Cual hija pródiga, el 7 de marzo regresaba al principado junto a su sufrido padre.

Otro número circense

Durante el tiempo que Estefanía estuvo en el circo como amante de Franco Knie, hizo grandes amigos entre los artistas. Uno de ellos era el acróbata Adán López Pérez, hijo de padre portugués y madre española, diez años más joven que ella.

Se trataba de un joven sensible, tímido y buen profesional, que se encariñó con los tres hijos de la princesa. Estos no solo acompañaban a su madre en la aventura circense, sino que hasta llegaron a trabajar en el circo con *Patma*, una elefanta de 39 años a la que la niña, que acababa de cumplir seis, le había tomado mucho cariño. Empezó a hacer con ella pequeñas cosas hasta perfeccionar su exhibición en la pista. Pauline se tendía en el suelo y la elefanta pasaba por encima, luego la elevaba con la trompa y la volteaba.

Cuando aparecieron las primeras fotos de su hija con la elefanta, Daniel Ducret montó en cólera y amenazó con litigar con Estefanía para quitarle, con toda la razón, la custodia de los niños. «El problema no es el circo sino el elefante. Aquel que asegure que no existen riesgos es un estúpido, y no quiero que mi hija Pauline corra peligro», declaró al ver el reportaje en la revista italiana *Oggi*, un reportaje que no querría haber visto jamás.

Pero volvamos al equilibrista portugués. Nadie sospechaba que entre él y Estefanía existiera una relación de amistad muy especial. Tan especial era que, meses después de haber abandonado a su amante, al dueño del circo y al circo también, el 12 de septiembre de 2003 contraía matrimonio con el acróbata portugués diez años menor.

Aquello no podía funcionar. Y no funcionó. Once meses más tarde, el 22 de julio de 2004, el matrimonio se divorciaba. Ella volvió de nuevo a palacio y él comenzó a alternar las pistas de circo con los platós de televisión, donde cobraba por contar su vida junto a la princesa. Y chupando rueda le siguió su tía, una descerebrada que se anunciaba como «Paquita de Mónaco». Lo que digo... Un circo.

7

DIVORCIO EN LA CASA REAL HOLANDESA

CARLOS HUGO E IRENE DE HOLANDA

¿Qué había sucedido entre el 8 de febrero de 1964, con aquel comunicado en el que sus altezas reales don Javier y doña Magdalena «tienen la dicha de poder participar el compromiso matrimonial de su hijo, Carlos Hugo, duque de Madrid, con su alteza real la princesa doña Irene de los Países Bajos», y 1980, cuando el matrimonio quedaba roto para siempre con el divorcio?

El nombre de Carlos Hugo fue uno de los tres que el general Franco se dedicó a promocionar y barajar durante muchos años como hipotético sucesor suyo a título de rey. Aunque estamos seguros de que el dictador lo utilizó más como acicate, amenaza o trampa, que como realidad futura. No sé si don Carlos Hugo de Borbón-Parma se lo creyó. Pero de lo que no hay duda es de que se aprovechó de ello en propio beneficio.

El día 29 de abril del año 1964 tenía lugar, en la basílica de Santa María la Mayor, una de las bodas principescas más polémicas del siglo: la de don Carlos Hugo Borbón-Parma, hijo de don Javier de Borbón, príncipe de Parma, y de doña Magdalena de Borbón Busset, con la princesa doña Irene, hija de la reina Juliana de los Países Bajos y de su esposo el príncipe Bernardo.

También era una boda sorprendente por las circunstancias dramáticas, en grado sumo, que rodearon, no solo la ceremonia en sí, sino también todo el proceso de aquellas relaciones, en las que estuvieron mezclados problemas políticos, religiosos y sentimentales.

En la década de los sesenta, Carlos Hugo dejaría de ser ese príncipe desconocido y extraño para convertirse en una figura familiar y simpática para los españoles. A tal punto que, entre la maravillosa y noble masa carlista, se le consideraba con grandes posibilidades de llegar a ser el príncipe de la Ley de Sucesión. Consideración a la que también se añadieron altas personalidades del Gobierno español, algunas de ellos amigos míos, que así me lo hicieron saber.

Hasta que llegó el año 1963. En ese momento empezó a escribirse el más apasionante capítulo de esta historia que terminaría felizmente, como en los cuentos, en boda. Una boda llamada a ser la más dramática y romántica ceremonia de los años sesenta.

Se crea o no, la boda del príncipe Carlos Hugo con la princesa Irene de Holanda fue un paso más, el más importante a mi juicio, dado por el príncipe francés en su camino hacia la pretendida corona de España.

Quiero dejar bien claro que en este romance entre el príncipe hispanofrancés y la princesa holandesa no hubo ningún momento criticable, si no es criticable que no existiese el romántico flechazo.

Don Carlos Hugo se limitó a seguir el camino que más convenía a sus intereses —en este caso políticos— al igual que otros siguen los que benefician a sus intereses económicos, familiares o dinásticos.

También es de justicia reconocer que la princesa Irene fue a este matrimonio con plena libertad, obligada tan solo por los sentimientos que Carlos Hugo había sabido despertar en ella, cosa nada difícil, conociendo las cualidades humanas e intelectuales de él. Pero eligió a la que creyó conveniente a sus intereses. Como cada cual.

Irene, una mujer prometida y... comprometida

El interés del príncipe Carlos Hugo por la princesa holandesa comenzó a raíz de la boda en Atenas del príncipe Juan Carlos de Borbón y Borbón con la princesa Sofía de Grecia. Como nuestros lectores recordarán, en aquella boda la princesa Irene figuró como dama de honor de la princesa Sofía, junto a otras seis princesas europeas.

Pero lo cierto es que el día 7 de julio de 1973, un año después de la boda de los hoy reyes de España —que coincidía con la fiesta de San Fermín, patrono de Pamplona, baluarte entonces, junto con toda la región navarra, del carlismo español—, aparecía en uno de los palcos de la plaza de toros la princesa Irene. Y en otro palco, algo distante del de la princesa, el príncipe Carlos Hugo.

No me cabe la menor duda de que el entusiasmo desbordante del público que vitoreaba al príncipe con esa vehemencia que solo los navarros saben poner en sus sentimientos, vítores y entusiasmos que se desbordarían a la salida de la plaza, tuvieron que impresionar vivamente a la princesa. El terreno y el escenario eran los ideales como para conmover y atraer la atención, de una manera positiva, de la mujer que el príncipe carlista había comenzado a rondar con las mejores y más nobles armas de que disponía.

Para que nada faltara en aquella visita a Pamplona, la princesa fue nombrada presidenta de honor de la peña «Muthiko Alaiak» (Muchachos Alegres), la más antigua de Pamplona.

Aquel verano, el príncipe decidía pasar sus vacaciones en la Riviera italiana, en la finca de sus padres cerca de Viareggio, donde se alza El Elefante Feliz, villa veraniega de la Familia Real holandesa, y adonde la princesa doña Irene se había trasladado después de su estancia en Pamplona. Allí, al Elefante Feliz, dirigía Carlos Hugo todas sus excursiones de enamorado rondador. Puede que fuera en estos días cuando Carlos Hugo e Irene decidieron hacerse novios, aunque en el más absoluto de los secretos.

Esta historia sentimental saltaría al primer plano tanto de la prensa española como de la mundial, poniendo de rigurosa y dramática actualidad el problema del aspirante al trono de España cuando, el 10 de enero de 1964, la princesa, tras haber aprobado sus exámenes de intérprete de lengua española, llega a Madrid. Era ya una mujer prometida y comprometida. Prometida del príncipe Carlos Hugo; comprometida en una causa política, el carlismo, y sus aspiraciones al trono de España.

Pero ella, como mujer inteligente y fiel a un plan preconcebido, se guardó mucho de demostrarlo, evitando siempre la indiscreción de la prensa —que nada sospechaba— «para impedir, con esta discreción, posibles especulaciones».

Irene de Holanda se hospedaba en la residencia del embajador de su país en España, el señor Van Panhuys, en la madrileña avenida de María de Molina, donde también vivían entonces la estrella de cine Marisol, la del teatro Isabelita Garcés y Lola Flores. Desde la residencia, a menos de 200 metros en línea recta, la del príncipe Carlos Hugo en la calle de Hermanos Bécquer.

Y en Madrid comenzó un programa de gran actividad para la princesa holandesa: visitar el museo del Prado, deteniéndose especialmente en las salas dedicadas a Velázquez, Murillo y Goya. Y su mayor atención fue para el cuadro de la familia de Carlos IV y María Luisa de Parma, tan relacionado con sus sentimientos.

La comunión

Llegó por fin el 29 de enero de 1964. Han transcurrido solo diecinueve días desde la llegada a Madrid de la hija de la reina Juliana de los Países Bajos. Hasta entonces todo se ha desarrollado con aparente normalidad en los viajes y visitas anteriormente reseñados. Los periodistas madrileños no hemos dedicado a la princesa más atención que a cualquier otra princesa extranjera de las muchas que visitan España en viaje turístico. Pero he aquí que, en la mañana del señalado día 29, cuando me encontraba en la redacción de la agencia Europa Press, de la que yo era redactor jefe, una llamada telefónica rompía la cotidiana tranquilidad de aquella jornada de trabajo. Al otro lado del aparato, una voz anónima de hombre que solo se identificó como la de un amigo, me comunicaba que procurara estar a las 12 en punto de la mañana en la iglesia de los Jerónimos, ya que a esa hora tendría la oportunidad de ser testigo y poder fotografiar un acontecimiento transcendental y de vital importancia. Colgó sin añadir nada más.

El templo de los Jerónimos es de un gran abolengo por haber contraído matrimonio allí los reyes de España, don Alfonso XIII y doña Victoria Eugenia.

En el interior de la iglesia, donde comenzaba a oficiarse la misa de 12, solo había media docena de personas. A la hora de impartir el sacerdote la sagrada comunión, yo vi levantarse a una señora. Al reconocerla casi me quedé paralizado. Era la princesa de los Países Bajos, Irene de Orange. Con recato se dirigió hacia el comulgatorio donde, de rodillas, recibió la sagrada comunión. Seguidamente, con las manos entrelazadas en el pecho, regresó de nuevo a su sitio, recogiéndose en oración. Poco después abandonaba la iglesia. En la puerta, la aguardaba un coche en el que partió.

Ediciones especiales en Holanda

Inmediatamente, y aún no repuesto de mi sorpresa, regresé a la agencia. Una vez revelado el material, la dirección dispuso transmitir con carácter de urgencia las fotos a todo el mundo por el circuito de telefoto, con prioridad a Holanda. Era la una en punto de la tarde.

A las 13.30, las fotos de la princesa Irene en la iglesia de los Jerónimos recibiendo la comunión se recibían en Ámsterdam. A las cuatro de la tarde, ediciones especiales de los periódicos de la capital holandesa informaban a sus lectores, con caracteres gigantescos y en la portada, la noticia de la conversión al catolicismo de la princesa Irene. Radio Ámsterdam interrumpía sus programas para leer el siguiente comunicado oficial entregado urgentemente por el palacio real:

> Hace un año, su alteza la princesa Irene de los Países Bajos decidió, después de larga y profunda meditación, ingresar, de acuerdo con sus convicciones, en la Iglesia Católica Romana. Viviendo inten-

samente el espíritu ecuménico, desea un acercamiento a la fe de todas las iglesias cristianas dados los puntos comunes que existen entre ellas. La reina Juliana y el príncipe Bernardo creen que sus hijos deben tener completa libertad y que, de acuerdo con ello, respetan la decisión de Irene.

Misteriosa desaparición

Es entonces, aquel día, cuando la princesa, tras cuyos pasos andaba la prensa mundial, que había destacado en España a sus mejores hombres, desaparece misteriosamente. Ya no volvería a saberse de ella hasta el 8 de febrero.

¿Qué ocurrió entre el 29 de enero de su desaparición, y el 8 de febrero en el que a primera hora de la mañana yo recibí otra anónima llamada telefónica en la que se me comunicaba que a las 11.00 estuviese en el número 6 de la calle de Hermanos Bécquer, donde aparecería triunfante del brazo de don Carlos Hugo?

Periódicos nacionales y extranjeros publicaban todos los días nuevas versiones sobre el paradero de la princesa, versiones que la situaban unas veces en el norte de España, en Pamplona, y sobre todo en el sur, en la casa de retiro del Opus Dei, de Pozo Albero, en Jaén; o en Granada o en Segovia o en Málaga. Generalmente, y tal vez bajo la influencia de la reciente conversión, todas las pistas llevaban el marchamo religioso.

También se especulaba aquellos días sobre un supuesto romance, rumores que tomaron mayor cuerpo cuando comenzaron a llegar noticias sobre la actitud de la reina Juliana respecto a la desaparición de su hija y de su negativa a regresar a Holanda.

Sorprendente reaparición

La princesa doña Irene y su acompañante, la señorita Rosario Andrade, abandonaron la capital aragonesa, donde habían acudido al templo del Pilar, en dirección a Madrid a bordo de un Seat 1500 de color negro. Pero, a menos de 60 kilómetros de Zaragoza, exactamente en el pueblo de La Almunia de Doña Godina, se detuvieron a la puerta de un modesto restaurante para comer. En el interior, y en una mesa situada en un discreto rincón del comedor, les esperaba un hombre: Carlos Hugo de Borbón-Parma.

Terminada la comida, la princesa Irene y su acompañante reanudan su viaje hacia Madrid.

Día 2 de febrero. En las primeras horas de la mañana, la princesa Irene abandonó de nuevo Madrid en dirección a Zaragoza, donde, por ser domingo, decidió oír nuevamente la misa en el templo del Pilar. Terminada esta, reanudaron el viaje hacia Barcelona, adonde llegaría a primeras horas de la tarde. De la Ciudad Condal se dirigió hacia La Garriga, donde la esperaba el príncipe Carlos Hugo, que la acompañó hasta Sant Quirze de Safaja, en el Montseny, desde donde se llevarían a cabo todas las gestiones encaminadas a conseguir la autorización de la reina Juliana y del Gobierno holandés para hacer público su compromiso —todavía desconocido— con el príncipe Carlos Hugo.

Un noviazgo complicado

Día 5 de febrero. Un avión de la Casa Real holandesa llegó a Barcelona (sigue siendo una incógnita si lo hizo para recoger a la princesa doña Irene). Pero lo cierto es que este avión regresaría de nuevo a Ámsterdam, vacío. La princesa —que mantenía con su madre continuo contacto telefónico— había planteado un nuevo y al parecer más grave problema que el de su conversión: el de su noviazgo.

¿Dónde estribaba el problema de este noviazgo si el hombre elegido por doña Irene era un príncipe? ¿Por qué tanto suspense y dramática situación? ¿Por qué tanto misterio y tanto parlamento?

Simple y sencillamente porque el prometido de la princesa, un príncipe con aspiraciones políticas, se negaba a aceptar las condiciones de la Constitución holandesa para autorizar el matrimonio de una princesa de la Casa Real con un príncipe extranjero:

Primero: Renunciar a cualquier pretensión dinástica ajena a Holanda.

Segundo: Adquirir la nacionalidad holandesa, renunciando a cualquier otra.

Tercero: Compromiso de residir en territorio holandés.

Cuarto: Que los hijos habidos en el matrimonio han de ser educados en Holanda y a la holandesa.

No se habla para nada de lo concerniente a la religión.

Todas estas condiciones habían sido expuestas a Carlos Hugo por el enviado especial de la reina Juliana y secretario particular, Jan van der Hoeven, que para tal misión se trasladó a España.

Dramático mensaje de la reina

Carlos Hugo se negó a aceptar tales condiciones, sobre todo la que se refería a su renuncia a la pretensión al trono de España.

Día 6 de febrero, 10.30 de la noche. La reina Juliana, visiblemente emocionada, se dirige por radio y televisión al pueblo holandés: «He de anunciaros una cosa, en mi propio nombre y en el de mi marido. Mucho se ha hablado y escrito en estos últimos días acerca de nuestra hija Irene. Mucho interés se ha manifestado por el feliz desenlace de sus proyectos para el futuro. Nosotros hubiésemos querido informaros ya antes de esos proyectos; pero verdaderamente no era posible por razón de un feliz desenlace de sus proyectos de matrimonio, y esto, sin duda, lo comprenderéis. Pero ahora hemos de anunciaros que nuestra hija Irene nos ha informado esta tarde de que no hay tal compromiso. Vosotros comprenderéis que nuestra hija atraviesa momentos dolorosos. Por esto nos dirigimos a todos vosotros a fin de que ella pueda encontrar el descanso y la calma de que está necesitada en las actuales circunstancias. Esperamos tener muy pronto a nuestra hija entre nosotros.»

Esta dramática alocución de la reina Juliana era consecuencia de la larga y no menos dramática conversación telefónica que Irene había mantenido con su madre desde su refugio catalán, cercano a Granollers, aquella misma tarde, y en el que la soberana, presionada por el Gobierno, intentó desesperadamente convencer a su hija para que desistiera de su proyecto de casarse con Carlos Hugo.

No conozco los argumentos esgrimidos por la reina para ablandar a la princesa, pero sé que estos fueron de tan dramáticos contenidos que casi llegó a arrancar a Irene la promesa de regresar a Holanda, o al menos eso creyó ella, ya que de no haber sido así, la reina no se habría dirigido a su pueblo en el sentido que lo hizo.

Pero lo cierto es que, pasadas unas horas de aquella dramática conversación, la princesa Irene, fiel al lema de la casa Orange «Yo mantendré [*Je mantiendrai*]», volvía a hacer saber a su madre y a la corte su inquebrantable decisión de casarse con el hombre que amaba, con Carlos Hugo.

Día 7 de febrero. Un avión de la Casa Real con el príncipe Bernardo, padre de Irene, a bordo se dirige a

París. El motivo, entrevistarse con los padres de Carlos Hugo, don Javier y doña Magdalena de Borbón-Parma.

El mismo día se hace público un comunicado del servicio de información del Estado holandés en los siguientes términos: «La princesa Irene, que ha permanecido durante algunos días en España, volverá al palacio Real de Soestdijk mañana.»

¿Qué pasó en el interior del avión real holandés una vez aparcado en Barajas?

Día 8 de febrero. La jornada, desde sus primeras horas, se presentó movida y llena de sorpresas, tanto para este autor como también para el resto de periodistas locales y extranjeros que seguíamos esta complicada historia.

No eran aún las diez de la mañana cuando un avión de la Casa Real holandesa tomaba tierra en el aeropuerto de Barajas. Minutos después, medio centenar de periodistas poníamos sitio al avión real tras el cordón de policías que montaba vigilancia, y que nos mantenía a una prudente distancia.

Aunque nadie había salido del avión, permaneciendo este con las portezuelas cerradas y las ventanas veladas por cortinillas, todos sabíamos que en el interior se encontraba el príncipe Bernardo, padre de la princesa.

En aquel avión de la Casa Real holandesa aparcado en una pista del aeropuerto madrileño ocurrieron extrañísimas cosas. Aunque después de tres horas nadie había descendido del avión, el pasajero o pasajeros que se encontraban en el interior sí habían recibido, por el contrario, dos visitas, una de ellas, hasta cierto punto lógica, ya que se trataba del embajador de Holanda en Madrid, señor Jan Panhuys; la segunda, bastante extraña, sobre todo para todas aquellas personas que, sin conocer los antecedentes, rodeaban el avión: la princesa Cecilia de Borbón-Parma, hermana del príncipe Carlos Hugo, mujer que tendría una influencia decisiva, por su carácter y manera de ser, en toda esta historia político-social. Estoy seguro de que ella fue la mediadora entre el príncipe Bernardo y la pareja formada por Irene y Carlos Hugo. Prueba de ello es que, en el corto espacio de una hora de aquella mañana y antes de que Carlos Hugo e Irene se decidieran a aparecer públicamente en la puerta de la casa número 6 de Hermanos Bécquer, la princesa Cecilia de Borbón-Parma regresaría al avión holandés y realizaría dos visitas. La primera de ellas duraría pocos minutos. Pero la segunda, media hora más tarde —tiempo que empleó la princesa para llamar por teléfono al lugar donde aún se encontraban su hermano y la princesa, seguramente para hacerles saber las condiciones impuestas por el Gobierno holandés, la reina Juliana o el propio príncipe Bernardo— duraría mucho más, y en ella consiguió Cecilia el visto bueno para que los novios pudieran salir al fin de su escondite y presentarse en Hermanos Bécquer 6, donde este autor les aguardaba.

Espectacular aparición de los novios

Tras unos minutos de descanso en el piso del príncipe, la pareja emprendía su marcha hacia el aeropuerto de Barajas a bordo del Alfa Romeo de Carlos Hugo. Pero antes de que el coche llegara desde Madrid hasta el avión real holandés, todavía había de producirse una sorpresa más, demostrando con ello la maravillosa, perfecta y admirable sincronización de la operación montada hasta los más mínimos detalles. Esta sorpresa sería la aparición en la pista para subir al avión holandés —del que todavía nadie, excepto la princesa Cecilia y el embajador holandés habían descendido— de los príncipes Javier y Magdalena, padres de Carlos Hugo. Habían llegado hacía unas horas de París, aguardando mientras tanto en el mismo aeropuerto, sin ser identificados, el desenlace de las conversaciones de Cecilia con el príncipe Bernardo. Estos permanecerían en el interior del avión real hasta la aparición, en la pista, de Carlos Hugo e Irene que, cogidos de la mano y sonrientes, avanzaron entre una nube de fotógrafos hasta las escalerillas del aparato, donde fueron recibidos con un abrazo por el príncipe Bernardo —que por fin se dignaba a aparecer— y don Javier y doña Magdalena.

Todos ellos, además de doña Cecilia, subirían al avión, donde mantuvieron una larga entrevista. Terminada esta, descendieron los padres de Carlos Hugo —regresarían inmediatamente a París sin entrar en Madrid— mientras que el príncipe Bernardo, su hija la princesa Irene, su prometido Carlos Hugo y la hermana de este, la princesa Cecilia, emprendieron viaje hacia La Haya donde, a las ocho de la noche, eran recibidos en el aeropuerto por la reina Juliana, la princesa heredera Beatriz, hoy reina de los Países Bajos, y la princesa Margarita. También se encontraba presente el presidente del Gobierno.

El público llenaba por completo el corto trayecto entre el aeropuerto y el palacio real. La multitud esperaría después hasta las tres de la madrugada, hora en que terminó la reunión a la que asistieron la reina Juliana, su hija Irene, el jefe de Gobierno, el vicepresidente, el ministro del Interior y el de Justicia.

La reina aprueba la boda

A esa hora, tres de la madrugada, del día 9 de febrero, el jefe de Gobierno, Victor Marijnen, anunciaba el compromiso oficial de la pareja: «La reina y el príncipe Bernardo han declarado que aprueban completamente el compromiso matrimonial. Todos nos congratulamos del compromiso de la princesa Irene y el Gobierno dirige efusivas felicitaciones a nuestra reina, al príncipe Bernardo de los Países Bajos y a las princesas. La dicha actual de la joven pareja no ha sido conseguida sin dificultades, propias de todos los enamorados, pero felizmente tales dificultades han sido superadas y en estos momentos toda Holanda se encuentra de fiesta. La feliz pareja está con nosotros y el pueblo celebra alegremente este nuevo amor.»

Hasta aquí todo lo dicho era de suponer y, por lo tanto, parecería absurda una reunión de tantas horas para llegar a esta declaración si el presidente del Gobierno holandés no se hubiera referido en aquel comunicado al terreno político, auténtico y único caballo de batalla en la historia: «El Gobierno estima que es justo, según las estipulaciones de la Constitución, que la princesa no puede subir al trono de los Países Bajos, y en este punto existe completa identificación con el propio deseo de la princesa. Evidentemente sentimos que, por este hecho, disminuyan las posibilidades de sucesión al trono de la familia de Orange.»

¿Qué había pasado en aquella larguísima reunión? Simplemente que la princesa había mantenido, ante el Gobierno, la misma postura intransigente que en días anteriores con su madre a través de conferencias telefónicas desde España.

Como resultado de esta postura, la firma a la renuncia a todos sus derechos sobre la corona holandesa para ella y sus descendientes, sacrificio que hasta el último momento intentó evitarle su madre la reina Juliana, al menos así lo demostró en su dramática alocución al pueblo holandés en la noche del martes.

Y precisamente para que no quedara la menor duda, la princesa Irene, en su anuncio oficial, declaraba que «aun cuando mi madre, la reina Juliana, había manifestado en una emisión el martes anterior que mi compromiso no se llevaría a cabo, soy ahora muy feliz por poder decir que las dificultades que se habían presentado han sido superadas. Estoy muy contenta por poder dar cuenta a todos de mi compromiso matrimonial con el príncipe don Carlos Hugo de Borbón, duque de Madrid. Nuestro plan es casarnos en un futuro próximo. No continuaré en Holanda y no deben pensar que esto significa una despedida. He pasado una juventud muy feliz aquí, en mi casa paterna, donde tan a menudo e intensamente he comprobado vuestro afecto, que no es menor que el mío hacia vosotros. Por ello podéis tener la seguridad de que siempre seré feliz de estar entre vosotros, porque Holanda siempre seguirá ocupando el mismo lugar en mi corazón».

El día 10, la princesa Irene y su prometido se trasladarían al aeropuerto de Ámsterdam en compañía de toda la Familia Real para recibir a los padres del príncipe, don Javier y doña Magdalena, que llegaban procedentes de París para asistir aquel mismo día, en el palacio de Soestdijk, a la ceremonia de los esponsales, seguida de una cena íntima y familiar.

Al día siguiente, los padres de don Carlos Hugo regresarían de nuevo a París y el príncipe a Madrid.

Y, fechado precisamente en Madrid, el 8 de febrero de 1964, la familia Borbón-Parma hacía público el siguiente comunicado: «Sus altezas reales, don Javier y doña Magdalena de Borbón, condes de Molina, tienen la dicha de poder participar el compromiso matrimonial de su hijo, Carlos, duque de Madrid, con su alteza real la princesa doña Irene de los Países Bajos.»

Sufrimiento y sacrificio

Todo lo ocurrido los días 8, 9 y 10, «felices», reencuentros familiares, «triunfal», recepción holandesa, comprensivos comunicados oficiales, felicitaciones gubernamentales y demás cortesías, no eran otra cosa que una improvisada solución provisional «para salir airosamente del paso» en beneficio tan solo del prestigio de la Casa Real, puesto en entredicho durante los agitados y dramáticos días por la rebelde actitud de la princesa y la intransigencia de la corte y del Gobierno.

Como resultado de esta improvisada, frágil y falsa solución, para llegar a la cual a la princesa Irene solo le cupo el papel de víctima, aceptando todos los sacrificios y condiciones impuestas por el Gobierno, y tal vez por su familia, el malestar y la intransigencia volvió a adueñarse de la situación, originando a la princesa Irene nuevos y dramáticos momentos que sirvieron para poner a prueba una vez más su capacidad de sufrimiento y de sacrificio, solo y a causa del hombre que amaba y por el que estaba dispuesta a llegar hasta las últimas consecuencias.

La reanudación de los problemas y disgustos en el seno de la Familia Real holandesa tendría una pública proyección el día 16 de febrero, cuando la princesa Irene abandonaba Holanda en dirección a Austria, a pesar de ser víspera del decimoséptimo cumpleaños de su muy querida hermana Cristina. En la localidad austriaca de Kitzbühel volvió a encontrarse con Carlos Hugo.

Juntos pasaron unos días de descanso practicando deportes de nieve.

Estalla la bomba

Vuelven de nuevo las especulaciones, el acoso periodístico. Y así van pasando los días y las semanas hasta que la bomba estalla definitivamente una mañana en el aeropuerto de Ámsterdam, cuando doña Irene decide no presentarse a la salida del avión real que con toda la familia se dirigía a México para realizar una visita oficial. Este esperó bastante tiempo y al final partió sin ella.

¿Cuál había sido el motivo de la negativa de Irene a acompañar a sus padres y hermanas cuando todo estaba ya previsto?

Simple y llanamente que al negarse el Gobierno —¿o tal vez la propia reina?— a que Carlos Hugo figurara en la comitiva oficial, como era deseo de Irene, esta decidió unir su suerte —feliz o desgraciada suerte, eso solo ella lo sabía— al hombre que amaba por encima de todas la cosas y, cortando por lo sano, decidió abandonar su familia, su hogar, su pueblo y su patria antes de lo previsto por la Constitución, y marcharse a París para refugiarse y buscar consuelo en la casa de los familiares del príncipe Carlos Hugo.

Ahí esperaría el día de su boda, que se hacía público el día 19 anunciando que esta tendría lugar el 29 de aquel mismo mes de abril en la basílica de Santa María la Mayor de Roma, de gran vinculación con España.

La boda... sin la Familia Real

Se sabe que el anuncio de la boda de Carlos Hugo e Irene, precipitado tanto en anunciarlo como en el corto espacio de tiempo que mediaba entre dicho comunicado y el día de la boda en sí, se debió a un intento de anticiparse a una serie de maniobras políticas holandesas para impedir dicha unión. En esta opinión coincide incluso don Manuel Pereda de la Reguera en su documentado libro *Carlos e Irene*, de cuya fuente hemos bebido.

Pero ello no impidió que millares de carlistas de toda España, y sobre todo de Navarra, decidieran trasladarse hasta Roma utilizando el democrático y económico ferrocarril en un largo y cansado viaje hasta la Ciudad Eterna, que durante unos días se vio invadida de boinas rojas y de entusiasmados españoles.

El Grand Hotel fue el lugar elegido para hospedar a los príncipes y demás miembros de la familia. Allí, aquella misma noche, tendría lugar una gran cena presidida por los novios. La princesa, que ya conocía la decisión de sus padres y hermanas de no asistir a la boda, aparecía triste. Toda la familia Borbón-Parma en pleno, así como amigos e invitados de Carlos Hugo, ocupaban las mesas del comedor. Por parte de Irene solo una amiga íntima.

Fui uno de los pocos periodistas que tuvieron acceso al interior de la basílica mientras en el exterior centenares de fotógrafos y millares y millares de curiosos abarrotaban la amplia plaza. Revivo todavía hoy, después de tantos años, aquella boda desarrollada bajo un clima de intensa y dolorosa sensación que empañaba a veces los ojos de los presentes. Tengo que confesar que muchos de los asistentes esperamos hasta el último momento que se diera el milagro de la presencia familiar de Irene. Pero cuando esta, con quince minutos de retraso, hacía su entrada entre vivas a España y a Cristo Rey, nos dispusimos para ser testigos de una ceremonia dramática: la boda más triste que yo, que he asistido a tantos esponsales reales, había presenciado nunca.

Pocas eran las personalidades de altísimo relieve presentes en la capilla Borghese. Solo la emperatriz Zita, la princesa Lobkowicz, la princesa Adelaida Masino, Chantal de Borbón-Parma y otros aristócratas de mediano nivel. El resto, nombres más o menos —más bien menos— conocidos y, eso sí, millares de carlistas españoles, cuya nobleza, como la de todo carlista, estriba más en su fidelidad a unos principios que a una persona, que como la de Carlos Hugo, encarnaba con discutido derecho un símbolo digno de toda admiración y respeto.

Entre aquel maremágnum de invitados españoles se encontraba un grupo numeroso de holandeses que dejaron sentir su dolorosa y emocionada presencia cuando, al entrar la princesa en el templo del brazo de su prometido, entonaron con voces quebradas por el llanto el himno holandés. Irene, que, desde que descendió del coche luciendo su vestido de novia de seda y encaje de Flandes y una gran diadema de brillantes, se mostraba serena pero tremendamente pálida, se vio en ese momento embargada por la emoción, y prorrumpió en sollozos y las lágrimas corrieron libremente por sus mejillas pálidas sin que ella intentara disimularlas. Su pensamiento, estoy seguro, voló entonces hacia su patria, hacia su hogar, hacia sus padres sentados ante un televisor, posiblemente llorando. En el altar la esperaba el cardenal Giobbe, que fue nuncio apostólico en La Haya y gran amigo de la familia Orange. Arrodillada sobre un cojín de seda lleno de tierra holandesa, Irene se convirtió ante Dios y ante los hombres «para su suerte y desgracia» en la esposa del hombre por el que lo había sacrificado todo y por el que había de sacrificar mucho más.

Fin... de todo

La elección de don Juan Carlos y doña Sofía, como reyes de España, a pesar de todas las conspiraciones (la de Alfonso de Borbón y la de Carlos Hugo) dio al traste con las aspiraciones de este matrimonio que, en 1981, quedaba roto, para siempre, con el divorcio. Después de esta rocambolesca aventura en la que ella fue solo una víctima, la princesa Irene volvió a su país, donde hoy, tras algunas aventuras amorosas, vive apartada de toda actividad social.

Solo una pregunta: ¿Utilizó Carlos Hugo, fallecido en 2010, a la princesa Irene, hija de la reina Juliana y hermana de la actual soberana de los Países Bajos, para intentar llegar al trono de España? ¿Abandonó sus aspiraciones y a la bella princesa cuando el general Franco designó a don Juan Carlos su sucesor a título de rey? Solo ellos lo saben.

De lo que no hay duda, por lo anteriormente expuesto, es que independiente del amor, fue una boda de la conspiración; como también lo fue la de don Alfonso de Borbón Dampierre y María del Carmen Martínez-Bordiú, aunque con una diferencia, la calidad intelectual y humana tanto del príncipe Carlos Hugo como de la princesa Irene. Pienso que debió de haber algo más, ya que de aquel matrimonio nacieron... cuatro hijos.

8

DIVORCIO A LA ITALIANA

MARÍA GABRIELA Y ROBERT BALKANY

Las mujeres de la Casa Real de Saboya siempre han sido muy conflictivas. María Pía, la mayor de las hijas del rey Humberto de Italia, se divorció de su marido Alejandro de Yugoslavia, y María Beatriz, conocida por el apelativo de Tití, con una vida sentimental muy azarosa, aunque nunca se divorció, a punto estuvo. Su esposo, Luis Reyna, se suicidó disparándose un tiro.

Queda por recordar aquí a María Gabriela, la más famosa de los cuatro hijos de los reyes de Italia (el cuarto es el heredero Víctor Manuel).

Su fama radicará siempre, al igual que su felicidad, en el hombre con quien no se pudo casar, el príncipe don Juan Carlos, su gran amor.

La amaba tanto, tanto, que en una carta fechada el 1 de mayo de 1957 y dirigida a Olghina de Robiland, una joven italiana con la que andaba enamoriscado, escribió: «Te quiero más que a nadie ahora mismo, pero comprenderás, porque es mi obligación, que no puedo casarme contigo. Tengo que pensar en otra, la única que me atrae física y moralmente y por todo y muchísimo es María Gabriela. Es ella la que más me gusta de entre todas las candidatas elegidas. Mi deber para con mi padre y con España es casarme con una princesa.»

Luego Franco se interpuso y como ya hemos referido anteriormente, le obligó a dejarla.

Tras algunos intentos del rey Humberto de casar a María Gabriela con quien pensaba que le correspondería, entre ellos con el Sha de Irán tras haberse divorciado este de Soraya, en el verano de 1969 contrae un polémico matrimonio con Robert Balkany, riquísimo empresario cubano francés, de 38 años, pero... divorciado, una circunstancia por la que el matrimonio contó con la más absoluta oposición del rey Humberto. La Casa Real de Saboya prohibía a una princesa italiana y católica desposarse con un divorciado. Por ello, durante mucho tiempo, el noviazgo se mantuvo en secreto. Gabriela sabía que su padre nunca autorizaría esta boda, hasta que ella le amenazó con marcharse a convivir con el hombre que amaba pero sin casarse. Humberto rechazaba este matrimonio de tal manera que incluso se negó a recibir a Balkany cuando este viajó hasta Cascais, en Portugal, para hablar con él y pedirle la mano de su hija.

Sin embargo, el rey Humberto, ante la amenaza de su hija, pensó que era mucho peor seguir oponiéndose. Y como suele suceder siempre, cuando los hijos se empecinan en casarse con quienes quieren pero no con quienes deben, dio la autorización con todo el dolor de su alma.

El 6 de junio de 1969, *monsieur* M. Lucifero, portavoz en Roma del ex rey, hacía público un comunicado en el que se anunciaba oficialmente la boda de su hija. Había tomado la decisión después de una reunión de familia celebrada a finales del mes de marzo.

Aunque el novio era divorciado, ello no fue obstáculo para que la ceremonia se celebrara por el rito religioso. No olvidemos que Letizia también lo era y no hubo el menor inconveniente para que ella y Felipe se casaran en la catedral de la Almudena.

En estos casos, la Iglesia suele mirar hacia otros lados por aquello de no reconocer nunca el matrimonio civil, el único que legalmente cuenta.

Este matrimonio quedó inscrito en el registro civil de la localidad de Saint-Mesme, a 50 kilómetros de París, el 16 de junio, cinco días antes de la boda religiosa y tras la ceremonia oficiada por el alcalde del pueblo, quien llevaba la faja tricolor de la República, símbolo de la legalidad.

Diez mil cipreses y 150 invitados

A las nueve y media de ese día, María Gabriela de Saboya quedaba convertida en legítima esposa de Robert Balkany. El 21, el padre Francesco Pipan, napolitano de nacimiento como la novia y su profesor de filosofía durante los años de Cascais, bendice el matrimonio religioso de quienes ya eran marido y mujer, en el transcurso de una función celebrada en una capilla que el multimillonario Balkany había hecho construir en su castillo de Balsan y que fue consagrada la víspera con una misa. Era el último día de la primavera.

A este autor, que asistió a la boda, le impresionó el aspecto del castillo. Los diez mil cipreses se encontraban iluminados indirectamente uno a uno: antorchas y velones marcaban temblorosamente ventanas, escalinatas y balconadas de las terrazas, mientras grandes reflectores disparaban su luz hacia el infinito de un cielo cuajado de estrellas y con una luna en cuarto creciente.

Mientras tanto, una orquesta de zíngaros hacía sonar sus mágicos violines y otras cuatro, una de ellas de jazz, animaban la fiesta hasta el amanecer.

Cuarenta policías privados venidos de París y algunos más de la Gendarmería francesa de la localidad defendían el castillo y la boda del acoso de decenas de reporteros de toda Europa.

Ciento cincuenta fueron los invitados, entre ellos, lógicamente, los padres de la novia, los reyes de Italia, así como sus hermanas María Pía, María Beatriz y su hermano Víctor Manuel, otro pájaro de la familia que años después se vería implicado en turbios asuntos de prostitución por los que fue encarcelado.

Resultaba curioso ver a la infanta Pilar de Borbón asistiendo a la boda de su amiga de infancia en Estoril y quien pudo haber sido su cuñada. También a los príncipes de Mónaco, Grace y Rainiero, y a los reyes de Bulgaria, Simeón y Margarita. Karim Aga Khan, gran amigo del novio, era otro de los presentes, y además testigo. Igualmente se pudo ver al duque de Badajoz acompañando a su esposa la infanta Pilar y a los marqueses de Villaverde, amén de otros importantes invitados. Toda una boda real.

Poco antes de las 12.00, hora fijada para el comienzo de la ceremonia, ya se encontraban en la capilla los ciento cincuenta invitados, incluidos los familiares de los contrayentes, así como los testigos. En el altar y al lado del evangelio, tomaron asiento los testigos de la novia, su hermano el príncipe Víctor Manuel de Saboya, la infanta Pilar duquesa de Badajoz, el príncipe Miguel de Grecia y el príncipe Mauricio de Hesse. En el lado de la epístola, los testigos del novio: el duque de Arion y el conde Paul D. Ganey.

María Gabriela lucía un llamativo y original traje de novia de seda estampada en verde y rosa con un cinturón de seda verde realizado por Yves Saint Laurent. Flores silvestres cubrían sus cabellos rubios peinados por Alexandre. En la mano, un modesto *bouquet* de margaritas blancas. Como alhajas solo un anillo con un gran diamante del tamaño de una falange.

La misa, oficiada por el capellán de la iglesia parroquial, fue recitada en latín. Inmediatamente después, el padre Francesco dirigiría a los contrayentes una corta alocución en italiano y tomaba el sí a los novios que fueron contestados en francés, no sin antes María Gabriela solicitar, volviéndose a su padre, el ex rey de Italia, el consentimiento. Una vez terminada la ceremonia, el padre Francesco se aproximó al nuevo matrimonio y los besó. Un armonio dejaba oír sus notas melodiosas.

Todo había durado aproximadamente cuarenta minutos.

Y... se divorciaron

Así fue la boda de esta pareja que tanto luchó y tantas dificultades tuvo que vencer para llegar a este día. Pero la felicidad para María Gabriela y Robert Balkany no fue eterna. Lo que no consiguió el ex rey de Italia y padre de la novia, lo logró el paso del tiempo. Y no mucho. En el año 1990 se divorciaban, siguiendo el camino de su hermana María Pía. Y el de sus padres. Porque el rey Humberto y la reina María José, aunque nunca llegaron a divorciarse, vivieron siempre separados. Como algunos reyes. Tras este fracaso sentimental, a María Gabriela se la relacionó con otro multimillonario, Stavros Niarchos, con quien parece ser que mantuvo un secreto romance.

9

OH LÀ LÀ, LA FRANCE

LOS ORLEANS: SE DIVORCIÓ HASTA EL PADRE

El príncipe Felipe de Orleans, descendiente directo de Luis Felipe I —último rey de Francia, que fue depuesto en 1848, estableciéndose la República—, fue, hasta su muerte el 19 de junio de 1999, pretendiente al trono francés con el título de conde de París. Como tal, siempre tuvo incluso un lugar destacado en el protocolo de la República francesa, que le autorizó a volver del exilio en 1950. Siempre lamentó que el general De Gaulle no hubiera hecho con él lo que Franco hizo con el príncipe Juan Carlos.

El 8 de abril de 1931 y en Palermo, el conde de París contraía matrimonio con su prima, la princesa Isabel de Orleans-Braganza, con quien formaría una superfamilia. Tantos hijos como once: Isabel (1932), Henri (1933), Helena (1934), François (1935), Ana (1938), Diana (1940), los gemelos Miguel y Jacques (1941), Claudia (1943), Chantal (1948) y Thibault (1949).

Cuando las familias son tan numerosas se convierten en un auténtico vademécum de conductas (malos y buenos hijos), de inteligencia (listos y tontos), de caracteres (simpáticos y antipáticos), de colores (rubios y morenos), de estaturas (altos y bajos) y de suertes y desgracias, como la muerte.

Pero lo que más hubo en esta familia fueron divorcios. Porque de los once hijos se separaron cinco (Henri, de la condesa María Teresa de Wurtenberg; Helena, del conde Evrard de Limburg-Stirum; Miguel, de Beatriz Pasquieur; Claudia, de Amadeo de Aosta, y Chantal, del barón François Xavier de Sambucy). Otros dos hijos, François y Thibault, murieron. El primero en la guerra de Argelia, en 1960, y el segundo en un accidente.

Y por si no fuera bastante, hasta el conde de París decidió divorciarse en 1986, ya septuagenario como su esposa.

La hija contó el divorcio de su padre

Fue la princesa Diana, duquesa de Wurtenberg, y gran amiga de este autor, quien relató lo que parecía increíble: la separación de sus padres después de haber tenido once hijos y treinta nietos.

Y fue ella la primera en poner el grito en el cielo al enterarse, ocho años antes de que su padre decidiera pedir el divorcio, de lo que estaba sucediendo.

Quiso concienciar a su madre. Pero como suele suceder en todas las familias y mucho más en una Familia Real, nadie quería que se airease el problema.

Sin embargo, cuando el conde de París intentó poner en venta las propiedades más importantes que le quedaban después de haberse desprendido de casi todo el patrimonio familiar, la condesa de París presentó la demanda de divorcio. Con ello pretendía impedir que la operación se llevara a cabo. Con esto inmovilizó la venta que estaba llevando a los Orleans a la ruina.

La razón de este divorcio tenía un nombre: *madame* Monique Fries, de 65 años, la mujer con la que el conde de París mantenía relaciones más o menos ocultas desde hacía... diez años.

«Se trata de una señora intrigante que a lo único a lo que se dedica es a desplumar a los señores. Mi padre no ha sido el primer caso. Anteriormente, esta mujer estuvo ya casada. Tiene cinco hijos y varios nietos. Y ha mantenido relaciones con otro incauto como mi padre llamado Fernand Didot, a quien llevó también a la ruina.»

De secretaria a amante

Según la princesa Diana, cuando su padre necesitó una secretaria, un yerno del conde de París, François de Sambucy, marido de la princesa Chantal, le recomendó la señorita Monique Fries. Y ahí surgió todo. El conde de París se enamoró de su secretaria. Así de vulgar.

Y comenzó a alejarse de su esposa Isabel de Orleans y de sus hijos en la medida en que se volcaba con Monique y su familia, a quienes les hacía grandes regalos primero, dinero después y finalmente hasta propiedades de la familia Orleans. Según Diana, convirtió a su padre en un pelele.

Como la profesión de la tal Monique era enfermera, acabó ingresándolo en un hospital y convirtiéndose en su portavoz.

El gran escándalo estalló cuando el conde de París decidió vender todas las joyas familiares de María Antonieta al museo del Louvre por la ridícula cantidad de 120 millones de pesetas de las de entonces.

«Naturalmente, el museo se frotó las manos porque se trataba de un negocio fabuloso. Y eso no fue lo único. Todos los objetos de plata de la familia Orleans fueron malvendidos en Londres. El dinero fue a parar a manos de *madame* Monique. También los muebles y hasta los cuadros del duque de Orleans», me diría Diana.

La gota que colmó el vaso fue cuando pretendió vender La Quinta, finca y palacete de la familia en Estoril y que fue residencia de la familia Orleans durante el exilio en Portugal.

Le retiró hasta la pensión

«Pretendió que mi madre le firmara un documento en el que le autorizaba su venta. Ahí mi madre se negó.

Él le amenazó con retirarle las seiscientas mil pesetas que mensualmente le estaba dando. Y dejó de pagarle.»

Este fue el paso que llevó a la condesa de París a solicitar el divorcio.

Ni Isabel de Orleans ni sus hijos deseaban dar un escándalo. Siempre esperaban que volviera. Pero cuando se convencieron de que no lo haría nunca, designaron un abogado para que el matrimonio se divorciara. Recuperar el patrimonio fue imposible. Hacía años que *madame* Monique consiguió que su firma tuviera el mismo valor que la del conde de París, que le había dado todos los poderes para firmar cheques y sustituirlo cuando fuera necesario. ¡Una locura senil!

«Era una vergüenza que los hijos de esta señora estuvieran viviendo a cuerpo de rey mientras que mi madre y mis hermanos más pequeños vivían pobremente. Mi padre ha renegado de nosotros.»

Vosotros tampoco sois un ejemplo

Diana, la hija de más carácter de todos ellos, visitó a su padre en varias ocasiones para intentar convencerle y echarle en cara lo que estaba haciendo. Siempre les contestaba que ellos no tenían fuerza moral porque tampoco eran un ejemplo de unión conyugal, ya que la mayoría había fracasado en sus matrimonios.

«Yo intenté ser más diplomática y persuasiva. Al final le decía que lo de menos es que estuviera viviendo con esa mujer. Lo peor es que estaba llevando a su auténtica familia a la ruina económica. Cuando supo que mi madre había interpuesto la demanda de divorcio y como consecuencia de eso se inmovilizaron todas las ventas de las propiedades que estaba previsto llevar a cabo, la reacción de *madame* Monique fue vulgar. Comenzó a llamar a la condesa de París, una señora digna como la que más y con un comportamiento ejemplar, insultándole con los peores descalificativos.»

El día 19 de junio de 1999, arruinado, solo y abandonado hasta por la mujer que le había apartado de su familia y le había arruinado, fallecía en una clínica de París Enrique de Orleans, después de cincuenta y cinco años de matrimonio y diez divorciado, once hijos y treinta nietos. Triste final de quien pretendió ser rey de Francia, de ahí lo de pretendiente como así se le denominó, y acabó siendo un pelele en manos de su amante.

Y... DIANA DE FRANCIA

Siempre he tenido un sentimiento muy especial por la princesa Diana, la rebelde y a veces excéntrica duquesa de Wurtenberg. Cuando su padre le reprochó que su matrimonio no era un ejemplo de unión conyugal tenía algo de razón. Aunque a diferencia de algunas de sus hermanas, ella no se había divorciado. Aunque a punto estuvo. Separada sí. Aunque por poco tiempo. La culpa: Palma de Mallorca, donde poseía una preciosa villa. Ignoro si la conserva todavía. Allí le gustaba refugiarse para practicar dos de sus aficiones, la pintura y la escultura. Y Palma fue su perdición. Aunque estaba felizmente casada —aunque lo de «felizmente» puede ser excesivo cuando no gratuito— con el duque de Wurtenberg, un acaudalado aristócrata alemán propietario del castillo de Althausen, donde ella se casó, se volvió a enamorar. Y no le importó ser madre de cinco hijos, ni que el hombre junto al que decidió vivir un apasionado amor, Alfonso de Borbón y Pérez del Pulgar, casado, como ella, fuera también padre de tres hijos. Lo más grave es que se trataba de un primo del rey don Juan Carlos. Fue un gran escándalo. Tan grande fue, que hasta la reina doña Sofía decidió intervenir llamándole al orden. La respuesta de Diana me la reservo.

El rey don Juan Carlos guardaba silencio, aunque para él aquello no resultaba cómodo. Era padrino de Flor, una de las hijas de Diana y del duque de Wurtenberg. Y otro hijo pretendía a la infanta Elena ante la oposición de la propia reina.

El tema fue tan incómodo para los reyes de España que hasta llegaron a intervenir para evitar que se publicaran unas declaraciones hablando de lo enamorada que estaba de Alfonso, con quien empezó a convivir en Palma ante las propias narices de la Familia Real, por aquellos días de 1983-1984, de vacaciones en Marivent.

La entrevista cayó en mis manos, y cuando me disponía a publicarla en *Hola*, de la que yo era redactor jefe, recibí una carta del general Sabino Fernández

Campos rogándome que acudiera al palacio de Marivent para intentar solucionar el problema.

La pasión, que no amor, arruinó el matrimonio de Alfonso de Borbón e Isabel Medina. Y Diana, por su parte, regresó a su castillo de Althausen para celebrar en familia sus bodas de plata con Karl Wurtenberg, su marido. Hoy sigue felizmente casada.

10

LA CASA REAL DE JORDANIA

Noor y Hussein: la muerte le salvó del divorcio

En una de las numerosas entrevistas que mantuve con el rey Hussein de Jordania me reconoció lo complicado que había sido y era su vida: «Me he casado cuatro veces y tengo once hijos. Y una adoptada, imagínese.» No exageraba.

Cuatro habían sido sus matrimonios: el primero con su prima, la princesa Dina de Egipto, que le dio una hija, Alia; el segundo con una inglesa, Toni Gardiner, que al casarse tomó el nombre de Muna de Jordania. Es la madre del actual soberano jordano Abdullah, y de otros tres hijos, Feisal, Aisha y Zein; la tercera, Alia. De este matrimonio nacieron otros dos hijos, Haya y Alia, y adoptaron a Abir, hija de un oficial del ejército muerto en combate. El cuarto matrimonio del rey fue con la norteamericana Lisa Halaby, o Noor, nombre que adoptó al casarse. Con ella nacieron otros cuatro hijos: Hamzah, Hashim, Iman y Raiyah.

De las dos primeras se divorció, a los dos años del matrimonio de Dina, y de Muna nueve años después de casarse. La tercera, Alia, falleció en un accidente aéreo en 1977, y de Noor a punto estuvo. Le salvó el cáncer que costó la vida a su esposo el rey Hussein. De no ser por ello, a lo peor hubiera corrido la misma mala suerte que las dos primeras. Porque Hussein se había vuelto a enamorar.

Sucedió en 1992, seis años antes de la muerte del rey y cuando ya le habían sido detectados graves problemas de salud. También Noor enfermó, a quien durante una mamografía rutinaria se le descubrió un quiste en el pecho, tras el cual se envió el informe al Memorial Sloan-Kettering, la conocida clínica de Nueva York especializada en cáncer para recibir una segunda opinión. Afortunadamente resultó benigno.

Mientras tanto, en Amman corría el rumor de que Hussein se había enamorado de una joven jordana que trabajaba en una oficina de la corte. Se contaba que el rey se había reunido ya con la familia y que pensaba divorciarse de Noor para casarse con ella. Incluso que le había comprado una casa.

Aunque la reina Noor reconoce en sus *Memorias de una vida inesperada* (Plaza & Janés, 2004) que «la distancia que venía percibiendo entre nosotros me daba que pensar», no tenía forma de averiguar lo que realmente estaba pasando.

Pero para no seguir torturándose, Noor decidió preguntar directamente a su marido, aunque «se me hacía un nudo en el estómago»: «No sé lo que estará pasando —le comenté—, pero estas historias se han vuelto muy detalladas y complejas. Solo tú puedes resolverlas antes de causar más angustia a la familia. Si hay alguna verdad en cualquiera de las cosas que se cuentan y si tu felicidad dependiera de otra persona, por favor dímelo, porque te amo lo bastante como para dejarte ir. Deseo lo mejor para tu familia, para ti y para todo aquello por lo que hemos estado luchando.»

¡Qué demostración de amor! ¡Qué elegancia! ¡Qué generosidad la de Noor!

Y se lo decía con toda la sinceridad. Sin rencor. Lo amaba tanto... Ella, que había tenido que soportar las dolorosas consecuencias de la dramática tensión durante la separación de sus padres, no quería que se repitiera la historia. No deseaba mantener una relación que no fuera para ellos y su familia una fuente de plenitud y felicidad.

«Yo había llevado una vida independiente antes de casarme y suponía que, al divorciarme, podría poder volver a hacerlo en caso necesario.» Aunque el rey lo negó: «No hay ninguna verdad en estos rumores. Son solo cosas que se dicen», le respondió a su esposa, pero lo cierto es que había algo. Sin embargo, no podía acallar las habladurías, por ello no quiso despedirse de la joven. La gente hubiera supuesto lo peor. El tema llegó a ser tan grave que fue necesario emitir un desmentido oficial. El hecho de no poder controlar el asunto sumió al rey en una depresión. Aunque siempre tuvo fama de valiente, parecía paralizado por las circunstancias. Noor se encontraba furiosa e indignada con él por la situación angustiosa en que había puesto a la familia al permitir que llegara al extremo de provocar un escándalo público.

Nunca lo sabrá

Aunque Noor no lo confiesa en sus memorias, es fácil deducir que la historia de la infidelidad del rey, de la presunta infidelidad del rey, era cierta. Lo que nunca se sabrá es si fue el cáncer lo que le impidió seguir adelante con aquella relación sentimental. A lo peor... sí. La reina escribe: «Me di cuenta de que toda la situación tenía que ver con una época muy difícil de su vida. Durante ese periodo oscuro me habló muchas veces de los últimos días de su vida y de sus preocupaciones acerca de la familia. Era como si se propusiera morir para evadirse de todo.» «Tómate el tiempo de pensar en lo que realmente necesitas y quieres», le dije. Pero ya no tuvo ese tiempo. La vida del rey empezaba a extinguirse. De no haberse detectado el cáncer, ¿Hussein se hubiese divorciado de Noor para casarse por quinta vez? Nunca se sabrá. Para Noor fue así mejor.

Solo una pregunta para casi terminar este libro: una pregunta que puede valer para todos aquellos que han pasado por el duro y dramático trance de un divorcio: ¿Hubieran preferido, como en el caso de la reina Noor, que un cáncer y la muerte le impidieran divorciarse? Pienso que, en el fondo, esta pregunta sin respuesta siempre perseguirá a la bellísima y digna reina Noor, la luz de Hussein, que intentó, por todos los medios, seguir alumbrando su vida cuando la de él ya se estaba apagando.

¿También su amor por ella?

Eso nunca lo sabrá.

11

Y... ADEMÁS

SUECIA

Y... además. En lo referente a separaciones y divorcios, en todas las familias reales cuecen habas y en algunas calderadas. Como en las casas reales de Suecia y Países Bajos. En la del país nórdico son cuatro las hermanas mayores del joven rey Carlos Gustavo, el único varón de la familia, quien creció en medio de una oligarquía femenina. Margarita, nacida el 31 de octubre de 1934, contrajo matrimonio el 30 de julio de 1964 con el industrial inglés John Ambler, tras renunciar a todos sus títulos, privilegios y tratamientos, para ser solo la señora Ambler.

En 1984 el matrimonio se separaba, aunque nunca recurrió al divorcio. Han tenido dos hijos.

La princesa Birgitta, la segunda, vino al mundo el 19 de enero de 1937, y el 25 de mayo de 1961 contraía matrimonio con el príncipe Juan Jorge de Hohenzollern. Al igual que su hermana, se separó en 1980, pero tampoco se divorció. El matrimonio tuvo dos hijos.

La princesa Désirée, nacida el 2 de junio de 1938, es la tercera de las hermanas de Carlos Gustavo. En mayo de 1964 se casó con el barón sueco Nicolás Silfuerschiold. Aun siendo él aristócrata, la princesa renunció, como su hermana Margarita, a todo lo que como princesa podía corresponderle. Hoy por hoy, siguen siendo un matrimonio feliz, padres de tres hijos. Como la cuarta hermana del rey, la princesa Cristina, nacida en 1943, perdió también todos los privilegios al casarse el 15 de junio de 1974 con el industrial Tord Magnusson, con quien ha tenido tres hijos. No se ha divorciado.

DINAMARCA

Es otra de las monarquías europeas cuyo titular de la corona, como jefe de Estado y soberano, es una mujer, la reina Margarita, nacida el 16 de abril de 1940 y felizmente casada el 10 de junio de 1967 con el diplomático Henri de Monpezat.

De este matrimonio nacieron dos hijos varones, Federico, el heredero, el 26 de marzo de 1968 y que contrajo matrimonio el 7 de marzo de 2004 con la joven abogada australiana Mary Donaldson, futura reina consorte de Dinamarca, y Joaquín, nacido el 15 de enero de 1972. El príncipe se enamoró de una exótica belleza de origen chino, Alejandra, nacida en Hong Kong el 30 de junio de 1964. Contrajeron matrimonio el 15 de noviembre de 1995. Nunca, jamás, se había visto una pareja tan enamorada. Aquella fotografía de los novios bailando el vals era la representación más elocuente del amor. La expresión arrobada, casi hasta el éxtasis, de Alejandra, es de las que no se olvida. A veces es necesario recordar el día de la boda para preguntarse: ¿Qué sucedió después para que aquella felicidad se desmoronara y les condujera al divorcio? ¿Tan negativa y demoledora es la convivencia para que el 16 de septiembre de 2004 se anunciara por la Casa Real la separación, y el 8 de abril de 2005 el divorcio? En esta Casa Real, el divorcio afectó al cincuenta por ciento de la familia. Uno de dos.

España

Del divorcio de la infanta Elena ya hemos hablado largo y tendido y con todo detalle en este libro. Pero también hubo, si no Familia Real, sí familia del rey para quienes el matrimonio solo ha sido una triste experiencia, aunque todos se casaron enamorados, se supone.

De la familia del rey, tres sobrinos: Simoneta Gómez Acebo y Borbón de José Miguel Fernández Sastrón. Contrajeron matrimonio el 12 de septiembre de 1990; se divorciaron en 2009 (tres hijos). También sus hermanos Beltrán, este de Laura Ponte: se casaron en septiembre de 2004 y se divorciaron en mayo de 2011 (dos hijos), y Fernando, de Mónica Martín Luque. La boda se celebró en 2004, la separación en 2011. Todos ellos hijos de la infanta Pilar de Borbón y Borbón, hermana del rey don Juan Carlos. No es un balance para presumir: de cinco hijos, tres han roto su matrimonio; de los otros dos, Juan y Bruno, el primero continúa soltero, el segundo felizmente casado con Bárbara Canon (tres hijos).

También, en la familia del rey, sus primas hermanas Giovanna, María Teresa, Ana Sandra y Victoria, las cuatro bellísimas hijas de la infanta Cristina (Marrone), hermana del conde de Barcelona.

Giovanna contrajo matrimonio en primeras nupcias con Jaime Galobart, de quien se divorció. Hoy está felizmente casada con Luis Ángel Sánchez Merlo. María Teresa se encuentra divorciada de José María Ruiz de Arana, duque de Baena. Ana Sandra, que, casada en primeras nupcias con Gian Carlo Stawros de Santarole y de quien se divorció, se casó nuevamente con Fernando Schwartz; y volvió a divorciarse. Victoria es viuda de José Carlos Álvarez de Toledo. En resumen: tres hijos y cuatro divorcios.

La infanta Beatriz (Torlonia por su matrimonio), hermana de la anterior, ha tenido más suerte. De cuatro hijos, solo uno, Marco, está divorciado.

El infante don Alfonso, heredero español por parte de madre desde 1904 a 1907, casado con la infanta Alicia de Borbón-Parma, tuvo tres hijos: Carlos (infante de gracia), Teresa e Inés. Solo se divorció esta última, del granadino Luis Morales.

Aparte de los primos Alfonso y Gonzalo, de los que ya nos hemos ocupado ampliamente, hay otra prima hermana del rey don Juan Carlos, la princesa María Gloria de Orleans-Braganza, de 25 años, hija de su alteza real imperial don Pedro de Orleans-Braganza, descendiente de los emperadores de Brasil y de doña Esperanza de Borbón-Orleans, hermana de la condesa de Barcelona.

La joven contraía matrimonio el uno de julio de 1972 con el príncipe Alejandro de Yugoslavia, nacido el 27 de julio de 1945 e hijo de Pedro II de Yugoslavia, destronado por Tito, y Alejandra, hija del rey Alejandro I de Grecia.

Esta boda real, celebrada en el palacio de Villamanrique de la Condesa, congregó a todas las familias reales europeas. Por primera vez en cuarenta años y en pleno franquismo, un miembro tan destacado como la princesa Ana, hija de la reina Isabel, viajó a España.

Fue la «boda del año». Nunca se ha visto tanta felicidad tanto en los novios y sus familias como en el pueblo de Villamanrique, situado en una encrucijada de caminos que van y vienen del Rocío. Los tres mil habitantes, que habían sido testigos y protagonistas de una de las bodas más simpáticas celebradas en España, fueron obsequiados con una cena popular. Lo nunca visto.

A pesar de todo esto, el matrimonio se divorciaba en 1985.

Otros divorcios de una familia, tan real e importante como los Baviera, fueron los de dos de los tres hijos del infante don José Eugenio y doña Sol: Tessa y Fernando.

La primera, que había contraído matrimonio el 23 de noviembre de 1963 con Alfonso Márquez y Patiño, marqués de Castro, se separaba en 1981 para divorciarse el 19 de noviembre de 1983.

Su hermano, Fernando, que se había casado el 14 de mayo de 1966 con la joven catalana Sofía Arquer, se separaba en septiembre de 1974. Por último, otra de las grandes bodas reales, celebradas en Madrid el 22 de septiembre de 1976 en presencia de los reyes don Juan Carlos y doña Sofía y de numerosas familias reales, fue la de la gran duquesa María, hija única de los grandes duques Vladimiro (bisnieto del emperador Alejandro II) y Leónida de Rusia, hija del jefe de la Familia Real de Georgia, heredera única del último zar de todas las Rusias. La joven, de 22 años y de gran belleza, se casaba en la capilla ortodoxa rusa de la calle Nicaragua de Madrid con el príncipe Franz Wilhelm de Prusia, de 35 años, bisnieto del emperador Guillermo II de Alemania.

Otro matrimonio que ponía fin a una relación de tan solo nueve años, divorciándose en 1985. El 12 de octubre de 2009, un breve comunicado del gabinete del rey Simeón en Sofía, Bulgaria, informaba de la separación de Kyril, de 45 años, y Rosario, de 41, príncipes de Preslav, padres de tres hijos: Mafalda (15), Olimpia (13) y Tassilo (7). La pareja llevaba casada nada menos que veinte años. El divorcio es el reverso de esa moneda llamada amor.

HOLANDA

Referente a la Familia Real holandesa, en el último siglo ha sido siempre un matriarcado. Aunque la reina Guillermina tuvo solo una hija, Juliana, nacida en La Haya el 30 de abril de 1909, a diferencia de su madre, tuvo nada menos que cuatro, y todas niñas: Beatriz, la heredera, nacida el 31 de enero de 1939, un año justo de la boda de sus padres; Irene, un año y medio después; Margarita, el 19 de enero de 1943, y el 18 de enero de 1945 la cuarta y última hija de Juliana y Bernardo, María Cristina, esta con una terrible desgracia, era casi ciega.

Beatriz se casó el 10 de marzo de 1966 con el diplomático alemán Klaus von Amsberg, ante la oposición del pueblo holandés, que había sufrido las consecuencias de la ocupación nazi de Hitler, y a cuyas tropas pertenecía Klaus. Esto le amargó la vida, sumiéndole en profundas depresiones. El nacimiento del primer varón de la dinastía en cien años, Guillermo Alejandro, el 27 de abril de 1967, no hizo cambiar la actitud de los holandeses hacia el consorte, quien falleció el 6 de octubre de 2002.

Beatriz acabaría con el secular matriarcado de la Familia Real dando a luz el 25 de septiembre de 1968 a su segundo hijo, Johan Friso, y el 11 de octubre de 1969 al tercer hijo varón, Constantino. Irene, la segunda hija de la reina Juliana y hermana de la actual soberana Beatriz, contrajo matrimonio el 29 de abril de 1964 con el príncipe Carlos Hugo, y se divorció como ya recogemos en la historia de este desgraciado matrimonio, en mayo de 1981.

Margarita fue la tercera hija, se casó el 10 de enero de 1967 con el abogado danés Pieter van Vollenhoven. El matrimonio ha tenido, como su hermana Beatriz, cuatro varones: Mauricio, Bernardo, Pieter y Floris Martín. La pareja sigue casada.

La cuarta hija de la reina Juliana, la cieguita Cristina, se casó el 28 de junio de 1975 con el cubano Jorge Guillermo, renunciando a todos sus derechos dinásticos, tratamientos y honores. El matrimonio se divorció en abril de 1996. Son padres de tres hijos, Bernardo, Nicolás y Juliana. Resumen: dos divorcios de cuatro matrimonios. Como la Familia Real de Suecia.

IRÁN

Peor que un divorcio...

Un repudio y en pleno siglo XX, el del Sha de Persia y la princesa Soraya Esfandiari. El día en que se casaron en Roma, el 12 de febrero de 1951, él dejó muy claro que «no creas que puedo ofrecerte una vida fácil. Espero que no te hagas ilusiones al respecto».

El Sha sabía lo que decía. Soraya también. No se trataba de una boda por amor, en el más exacto sentido de la palabra. Pero no podría predecir que un día tendría que tomar una decisión que destrozaría su felicidad para siempre porque se vería obligado a elegir entre su bella princesa y su amado país.

No hay que olvidar que su primer matrimonio, celebrado el 15 de marzo de 1939, fracasó porque la princesa Fawzia de Egipto, hija del difunto rey Faud y hermana del rey Farut, el último soberano egipcio, fue incapaz de darle un heredero. De aquella relación solo nació, en 1940, una niña, la princesa Shanaz. Dos años después, el matrimonio, que había sido por amor, empezó a zozobrar porque no había señal de un heredero.

La princesa Ashraf, la hermana gemela del Sha y a quien todo el mundo en la corte llamaba «la pantera negra» a causa de la dureza con que siempre defendía la dinastía de los Pahlevi, solo tenía un motivo: la felicidad de su hermano. Estaba convencida de que Fawzia no quería o no podía hacer feliz al Sha.

En enero de 1947 anunció que había decidido pasar un mes de reposo en Egipto, ya que el clima de Teherán le sentaba muy mal. Su marcha fue oficial, aunque sorprendió que lo hiciera con todas sus damas y veinticinco baúles, y que dejara en la corte a su hija, la princesa Shanaz.

El Sha esperó su regreso. Pero su esposa nunca volvió. El Sha, que seguía enamorado de ella, le escribía carta tras carta mientras su hermana Ashraf le pedía una y otra vez que se divorciara.

Tras dos años de lucha, el Sha decidió divorciarse. Divorcio que se haría efectivo el 11 de noviembre de 1948.

Tras el atentado sufrido el 4 de febrero de 1949 al dispararle un fanático cuando visitaba la Universidad de Teherán para celebrar su fundación, el Sha reforzó la decisión de que era necesaria la existencia de un heredero, consciente de que no habría heredero si él fallecía en otro atentado.

Para ello decidió buscar una nueva esposa. Había cumplido ya 30 años y su vida, desde que se divorció de Fawzia, era lo más parecido a la de un *playboy*. Que se supiera, entonces mantuvo relaciones con estrellas del cine internacional como Yvonne de Carlo, Gene Tierney y hasta con Silvana Mangano, pero nunca consideró la idea de casarse con ninguna de ellas.

Hasta que apareció Soraya Esfandiari, nacida en Isfahan el 22 de junio de 1932 del matrimonio de un cacique Bahtiari, aristocrático y rico, y de una alemana, Eva Karl. Aunque descendía por parte de padre de un jefe de tribu iraní, la influencia de su madre alemana proporcionó a Soraya una visión independiente y occidental de la vida.

A los 18 años, Soraya se encontraba en Londres estudiando inglés (hablaba ya perfectamente alemán, persa y francés). Allí conoció a la princesa Ashraf, hermana del Sha, que la invitó a comer en el hotel Claridge.

La princesa informó a su hermano de este encuentro. Este le pidió que tomase fotografías de su probable esposa.

«Sería maravilloso que una joven como tú estuviera dispuesta a compartir la vida de Mohamed Reza», le dijo.

El Sha, que le había encantado la mujer que vio en la fotografía, invitó a Soraya a viajar a Teherán. Una vez allí fue invitada a una cena familiar en la que quedó prendado de la joven.

Al día siguiente, el Sha escribió al padre de Soraya una propuesta formal de matrimonio exigiendo una respuesta de inmediato. «Sin ninguna vacilación respondió que sí», como recordaba ella en sus memorias.

Se dijo que para él la necesidad de amar estaba muy por debajo de la lista de prioridades. Su principal objetivo era tener un heredero.

La boda se celebró el 12 de febrero de 1951. La novia llevaba un traje diseñado por Dior, que tardó tres meses en completarlo. Un traje que pesaba nada menos que 20 kilos a causa de los bordados con no menos de 6.000 diamantes. Sobre los hombros y para defenderse del intensísimo frío de aquel día, una capa de armiño, regalo de boda de Stalin.

Lo que dijo el Sha después de pronunciar aquella frase —«No creas que puedo ofrecerte una vida fácil»— cuando se prometieron, fue: «Si te he elegido por esposa es porque me he enamorado de ti. Pero antes que tu esposo soy el rey de este país y tengo el deber de darle un heredero al trono. La Constitución especifica que si en cinco años de matrimonio no tengo un hijo varón, mi obligación es repudiarte, sean cuales fueren mis sentimientos hacia ti.»

El 17 de agosto de 1953 todas las paredes de Teherán se cubrieron de letreros: «¡Muera el Sha!» Comenzaba la revolución de Mossadeq contra Reza Pahlevi que se vio obligado a huir junto a su esposa. Roma fue el destino y lo hicieron con lo puesto.

Allí recibieron la noticia de que se había pedido que todos los miembros de la familia Pahlevi fueran ejecutados. Pero un contragolpe del ejército les devolvió Irán, aunque Soraya esperó todavía quince días antes de regresar.

Aunque estaban profunda y sinceramente enamorados y eran felices después de cuatro años de matrimonio, Soraya no se quedaba embarazada. La ansiedad comenzó a hacerse presente en la pareja. Ella sc consolaba e intentaba consolar a su esposo recordando que su madre había esperado siete años hasta que nació el primer hijo varón.

Los rumores se adueñaron de la corte, que comenzó a culpar a Soraya. Todo el mundo sabía que el Sha ya había demostrado en su anterior matrimonio con Fawzia que podía ser padre. La princesa Shanaz era un ejemplo. Pero desgraciadamente era una niña. Según la Constitución iraní, le impedía heredar el trono. Soraya llegó a ser consciente de que estaba decepcionando a la nación iraní. Pero su mayor preocupación era si también había decepcionado a su esposo. Desgraciadamente, el Sha no era inmune a la controversia que le rodeaba, tanto en la familia como fuera de ella.

Soraya llegó a la conclusión de que como mujer estéril era una desgracia para Irán.

Hasta el círculo más próximo al Sha le urgía a engendrar un heredero o a dejar a Soraya. Hasta la suegra, Tadj-ol-molouk, opinaba que su nuera le parecía inútil como mujer. E incluso la cuñada, que tanto la apoyara en la boda, la evitaba.

Comenzó entonces el doloroso peregrinar por clínicas especializadas y centros médicos de Europa y de Estados Unidos.

Incluso viajaron a Moscú, a pesar de las difíciles relaciones entre Irán y la Unión Soviética, para visitar a los dos mejores ginecólogos del mundo: Fedor Korichewsky y Ecija Mandel-Ouvarol. Los dos diagnósticos fueron parecidos a los del doctor Pasteur Vallery-Radoz de París, del profesor Hilver del New York Hospital, del doctor Rochas de Losange o del doctor argentino Grusse. Todos daban el mismo diagnóstico: no existe ninguna razón que le impida quedarse embarazada. Debe tener paciencia. Todo es cuestión de tiempo. Precisamente del que no disponían. A pesar de que Soraya solo tenía veinte años.

Al regreso de uno de estos humillantes viajes «clínicos» durante los que se sometió a los más duros reconocimientos ginecológicos, el Sha la recibió en el aeropuerto de Meherabab de Teherán de una forma tan efusiva y amorosa, besándola largamente en los labios ante todas las autoridades, que Soraya, estupefacta, le preguntó a su esposo:

—¿Todo está arreglado?

Fue la princesa Ashraf, presente en el encuentro tan amoroso, quien contestó antes de dar tiempo a su hermano a responder:

—Nada tendrá arreglo mientras no tengáis un hijo.

Soraya comprendió que estaba condenada. Que solo era cuestión de ¿días?, ¿semanas?, ¿meses?

El último acto de este drama tuvo lugar en la tarde gélida del 11 de febrero de 1958. Soraya abandonaba Irán en dirección a Europa, concretamente a Múnich, para estar con sus padres.

El Sha no la acompañaría.

Fue el final de siete años de matrimonio entre feliz y desdichado.

Aquel día, la emperatriz de los ojos verdes abandonaba Teherán para no regresar nunca jamás. Fue una de las crueles condiciones del acuerdo de separación dictado por los consejeros del Sha: Soraya debería desaparecer de la memoria del emperador y de todos los persas.

Sus retratos fueron inmediatamente retirados de los edificios públicos. El propio padre de Soraya, que había sido nombrado por el Sha embajador de Irán en Alemania, se vio obligado a pasar por el duro trance de descolgar los retratos de su hija que aparecían en todos los despachos de la embajada.

Por orden del Sha, Soraya ostentaría de por vida el título de princesa y se la dotaría económicamente para que pudiera vivir con todo el decoro que exigía su rango.

El 14 de marzo, el Sha, con gran pesar, ordenaba al

ministro de la corona informar al país de su divorcio: «Dejando aparte sus sentimientos personales, el Sha ha decidido el día 10 de marzo pasado en consejo de la Corona y con el beneplácito de Soraya, disolver su matrimonio ante la imposibilidad de la princesa de dar un heredero a la Corona.»

En estas pocas palabras se hallaba sintetizado todo el drama de la pareja imperial: la decisión del divorcio, las exigencias políticas que lo imponían, el dolor personal del Sha, el consentimiento de la emperatriz, el sacrificio común y la indirecta afirmación de que no existían razones personales para la anulación de su matrimonio con el divorcio. Ni para el divorcio ni para el repudio.

Soraya, humillada por este divorcio desconcertantemente rápido, también supo que el matrimonio había terminado. *The Times* publicó un conciso relato de las emociones de la princesa, dispuesta a ignorar sus sentimientos personales y los vínculos de afecto que la unían al Sha para preservar los altos intereses del Estado. Desolado y abrumado por la pena, el Sha se mantuvo incomunicado durante semanas, en melancólica soledad y en estado de gran depresión. «Todavía estoy profundamente enamorado de Soraya. He destruido mi vida personal por mi país.»

Soraya se marchó sin que se le permitiera ser coronada, solemnemente emperatriz, como Farah años después. Dicen que un día, la pantera negra, la princesa Ashraf, la insultó y humilló diciéndole: «Jamás se ha visto una soberana que quiera coronarse sin haber dado previamente un hijo a su esposo.»

Divorcio islámico

Según la ley islámica, un hombre puede repudiar a su esposa (en teoría puede tener varias) por muchas razones: adulterio, incompatibilidad y crueldad continuada entre ellos. Sin embargo, algunos contratos matrimoniales incluyen la cláusula de que la sospecha de esterilidad de la esposa puede ser causa de divorcio. Fue acogiéndose a este punto como el Sha consiguió divorciarse de Soraya. Aunque la doctrina islámica puede parecer muy dura con las mujeres, otorga, sin embargo derechos a las esposas que no serían aceptables en una ley inspirada en el cristianismo. Por ejemplo «una mujer puede quejarse si su marido no visita su lecho en tres meses».

Y HASTA EL AGA KHAN Y POR DOS VECES

Iban a cumplir sus bodas de plata y se divorciaron cuando nadie lo esperaba. ¡Parecían tan felices! A la bella y distinguida ex modelo londinense Sarah Crichton-Stuart, de 29 años, a lo peor ya ni siquiera le resultaba agradable recordar aquel día en el que, del brazo de su esposo Karim Aga Khan, caminaba sobre una alfombra de perlas de incalculable valor e ingresaba en su nuevo papel como Begum de más de veinte millones de fieles musulmanes ismaelitas. Las perlas fueron arrojadas, como si se tratara de confeti, por los notables de comunidades ismaelitas de treinta naciones.

El 28 de octubre de 1969, Sarah acababa de casarse por el rito musulmán con el príncipe Karim, de 32 años, hijo del *playboy* Alí Khan, y nieto de aquel famoso Aga Khan que se hacía pagar todos los años su peso en oro. La ceremonia se desarrolló en presencia de numerosas personalidades, en su mayoría llegadas de países del Tercer Mundo. Sarah, quien al convertirse al islam había adoptado el nombre de Salimah, vistió un sari blanco y plata, bordado de flores, obra de artesanos de Benarés. Karim llevó un traje de seda también blanco con larga chaqueta y alto cubrecabezas de astracán negro.

El matrimonio duró lo que el amor, en este caso como en otros muchos, con fecha de caducidad.

El divorcio se pronunció en marzo de 1995, tras varios años de lucha legal. La inmensa fortuna del Aga Khan tuvo la culpa. Al final, una indemnización nada menos que de 32 millones de dólares para ella.

Pero ahí no terminaron las guerras, que continuaron por culpa de las joyas, las más importantes y valiosas nunca vistas, entre ellas el «Begum Blue», uno de los diez diamantes más importantes del mundo. El 13 de noviembre de ese año, Salimah anunció la subasta en Ginebra de 250 ejemplares, entre ellos el famoso diamante. Los abogados del Aga Khan en Suiza lograron parar la subasta e iniciaron una batalla legal que duró diez años. Según el Aga Khan, estas joyas pertenecían a la familia, salvo las que él le había regalado durante los años de matrimonio y que era libre de vender.

Este fue el triste final de la boda de Salimah, la joven divorciada, que hoy vive con el abogado que le llevó tan lucrativo divorcio. ¡Una mujer... agradecida! De este matrimonio nacieron tres hijos: Zahra, Rahim y Hussain.

Ni el expolio ni el divorcio de Salimah le sirvieron de escarmiento al Aga Khan. El 30 de mayo de 1998, Karim volvía a las andadas contrayendo nuevo matrimonio con Gabriella de Laningen, alemana veintiocho años más joven que él. Al casarse y convertirse al islam, adquirió el nombre de la Begum Inaara. Aunque de esta unión nació un hijo, Aly, la felicidad duró aún menos que con Salimah. El 8 de octubre de 2004 la pareja se divorciaba. Se desconoce a cuánto ascendió la indemnización económica. Pero la joven también era ambiciosa. Y, sobre todo, tenía una mamá, casi clónica, que defendió los intereses de su hija logrando una indemnización de... 60 millones de euros.

Lo que se dice suerte en el matrimonio no ha tenido el Aga Khan, que hoy tiene ya 74 años de edad. Y es que el dinero no siempre da la felicidad. A veces incluso impide ser feliz.

EPÍLOGO

¡ESE PRIMER AMOR...!

A propósito del amor y desamor en el matrimonio de don Juan Carlos y doña Sofía, sería bueno recordar aquí, como epílogo de este libro sobre separaciones y divorcios, la historia de aquellos primeros amores a los que de una forma sucinta ya nos hemos referido.

Todo ser humano como hombre o mujer, ya sea rey, reina, simples ciudadanos del pueblo soberano (desterremos para siempre lo de plebeyo, tan peyorativo ello) ha conocido el amor, el amor ciego, el amor divino, el amor puro, el amor pasional, el amor perfecto e incluso el amor eterno, que ya es más difícil.

Pero todos, del rey hacia abajo todos, hemos tenido un primer amor que a juicio de Dante Alighieri es como la alondra que se lanza al aire, canta primero y después se calla para siempre.

Y ahí se queda. Como la mitad del todo. Pitágoras definió así el principio de todas las cosas, incluido el amor capsulado en nuestro corazón como una piedra en nuestra vesícula. Y que, a veces, lo sentimos y hasta duele cuando el recuerdo lo remueve. ¿Qué habría sido de aquel primer amor? ¿Qué habría sido de mi vida si me hubiese casado con él o con ella? ¿Sería más feliz de lo que soy?

Qué gran ejemplo para el príncipe Felipe la actitud de su padre, que antepuso siempre sus obligaciones a sus devociones. Incluso en la época en que estaba a la espera de su destino. Lo del trono de España era en aquella época un sueño casi imposible, una utopía.

¿Y habrá un tercer divorcio tras el escándalo Urdangarín? Ignoro hasta dónde aguantarán. No solo él sino también ella. Cierto es que, cuando se contrae matrimonio, se acepta, al menos ese día, quererse en la salud y en la enfermedad, en la suerte y en la desgracia pero, sobre todo, en la riqueza y en la pobreza hasta que la muerte o el divorcio les separe.

Desde que estalló el escándalo Urdangarín, no dejaba de hablarse, de escribirse y de especularse mucho sobre cómo afectaría este asunto a su relación con la infanta Cristina. Que es su esposa pero también su socia, y vocal en algunas de las empresas con las que se enriquecieron.

A pesar de ello, se desconocía hasta dónde alcanzaba el conocimiento que tenía la infanta de la actuación, presuntamente delictiva, de su esposo. El hecho de que su firma apareciera en algunos documentos puede que no significara nada. A lo peor sí. ¡Cuántas esposas firman papeles a petición del marido sin leer y sin preguntar!

Concediendo a Cristina el beneficio, que no perjuicio, de la duda y, sobre todo, la presunción de su inocencia, a pesar del pensamiento de Heráclito «de que este es un mal sagrado», que lo es, sospecho que el escándalo, a la larga, podría afectar la relación de la pareja. Como el ictus de Marichalar a su matrimonio con la infanta Elena. Después de su enfermedad, nada fue ya igual. La mutua agresividad se apoderó de ellos con constantes reproches. De lo que hiciste... de lo que dejaste de hacer...

Nadie ha puesto en duda, este periodista tampoco, que la boda de los duques de Palma fuera por amor, un gran amor. ¿Le impidió esto sospechar que el enriquecimiento de su marido fuera ilegal?

A raíz de la compra del palacete de Pedralbes, ¿se preocupó? ¿Le preguntó en algún momento? ¿Le advirtió? Si así fue, si así pudo ser, es obligado pensar que se produjeran los reproches, incluso mutuos: ya te lo advertí... no recuerdo nunca que me dijeras nada... bien que lo disfrutabas... Etcétera, etcétera, etcétera.

La prensa ha hecho hincapié sobre el sufrimiento de la infanta. Sufrimiento encerrado entre las cuatro paredes de su mansión de Washington.

Ya se sabe que el sufrimiento reside en el hecho de no poderse evadir ni un momento de sí mismo. Y, además, el sufrimiento tiene memoria. No hay nada como sufrir para recordar. Pero con una terrible sensación: el recuerdo de los años felices, vividos en el palacete de Pedralbes, puede que ya no aportaran felicidad sino dolor.

Más tarde se ha sabido que, ante la orden del juez de registrar las sedes de las empresas, desde las que se habían cometido presuntas actuaciones delictivas, Iñaki intentó evitar, en el último momento, una terrible humillación para su esposa.

Aunque parezca increíble, el duque de Palma tenía fijado el domicilio social y fiscal de la empresa Azoon en su propia residencia del palacete de Pedralbes, el de los seis millones de euros.

Cuando supo que la llegada de la policía judicial, tantos como ocho, era inminente, trasladó a toda prisa todos los documentos de la sociedad al número 224 de la calle de Balmes, el mismo donde radica el Instituto Noos.

¿Se imaginan la humillación que para la infanta hubiera supuesto ver a la policía registrando, como suele hacer cuando tienen orden de ello, los armarios, los cajones de la mesa de su despacho, su dormitorio... su intimidad, en suma?

Nunca en la historia de la monarquía española se ha visto a una infanta de España tan humillada. Es de desear que este «ictus» empresarial no acabe con el matrimonio.

Sería la tercera vez que tal cosa sucediera en la monarquía española. La primera vez, en 1900, cuando la infanta Eulalia de Borbón, hija de la reina Isabel, decidió divorciarse de su esposo, Antonio de Orleans, con quien había contraído matrimonio el 6 de marzo de 1886 en la capilla del Palacio Real de Madrid. De esta unión nacerían dos hijos: Alfonso y Luis Fernando. Pasados los años, la infanta se convirtió en una mujer casada pero sin marido. La reina Isabel, su madre, le aconsejaba que mantuviera «una vida normal», un matrimonio mal avenido le parecía cosa sin importancia. Una infanta debía soportar las desavenencias de su matrimonio, sufrir en silencio, guardando las apariencias para continuar el destino que no podía quebrar. Aunque solo tuviera 36 años.

Pero en marzo de 1900 decidió plantear a su marido el divorcio, sin una palabra de reproche, sin un gesto de amargura. «Me voy a casa de mi madre y allí aguardaré el fin de nuestro matrimonio.» La reina Isabel escribió al Vaticano, al papa León XIII, en busca de la nulidad. Pensaba que el divorcio no era posible en una infanta de España. Pero el 31 de mayo se firmó la separación legal de cuerpos y de bienes.

La Familia Real española no tuvo más remedio que aceptar esta escandalosa separación pero, discretamente, cerraron las puertas durante un tiempo a la infanta. Como años después sucedería con otra infanta, Elena, al divorciarse de su esposo Jaime de Marichalar.

¿Habrá un tercer divorcio tras el escándalo Urdangarín? Posiblemente al Rey no le importaría tanto ver a su hija divorciada (sería la segunda y si él pudiera también lo haría) que imputada y como tal declarando ante el juez. Tal vez por ello Su Señoría decidió no citarla para evitar, según declaró, «quedara estigmatizada». Tal cosa no sucede con un divorcio. Si la mancha de la mora con otra mora se quita, un fracaso matrimonial con otro matrimonio se olvida. Por el contrario una imputación penal marcará siempre de por vida.

Al tiempo le pido tiempo, que el tiempo tiempo nos dará y ese mismo tiempo ¿nos desengañará? Tiempo al tiempo.

Índice

Prólogo 9
Introducción 15

1. Amores y desamores 21
2. Mis bodas reales 39
3. Los acuerdos prematrimoniales 65
4. Los divorcios de la Casa Real española 77
5. Los divorcios en la Corte de Su Graciosa Majestad británica 143
6. Divorcios monegascos 207
7. Divorcio en la Casa Real holandesa 237
8. Divorcio a la italiana 263
9. Ho là là, la France 271
10. La Casa Real de Jordania 281
11. Y... además 289

Epílogo 309